弘扬"双百"精神 力促文化共享

张彦博◎主编

崔建飞　王芬林◎副主编
耿　斌　刘　红　王彩春　韩　沫◎编辑

國家圖書館出版社

图书在版编目（CIP）数据

弘扬“双百”精神 力促文化共享 / 张彦博主编.
—北京：国家图书馆出版社，2010.9
ISBN 978 - 7 - 5013 - 4411 - 6

Ⅰ.①弘… Ⅱ.①张… Ⅲ.①人物 - 生平事迹 - 中国 - 现代 Ⅳ.①K820.7

中国版本图书馆 CIP 数据核字（2010）第 169050 号

书名 弘扬“双百”精神 力促文化共享
著者 张彦博 主编

出版 国家图书馆出版社（100034 北京市西城区文津街 7 号）
（原北京图书馆出版社）
发行 010-66139745， 66175620， 66126153
66174391（传真），66126156（门市部）
E-mail btsfxb@ nlc. gov. cn（邮购）
Website www. nlcpress. com → 投稿中心
经销 新华书店
印刷 北京华正印刷有限公司

开本 889 × 1194（毫米） 1/32
印张 8.5
版次 2010 年 9 月第 1 版 2010 年 9 月第 1 次印刷
印数 1—5200 册

书号 ISBN 978 - 7 - 5013 - 4411 - 6
定价 20.00 元

2009 年 10 月 11 日，吴天祥同志与共享工程
湖北省分中心部分同志合影

2010 年 4 月 21 日，有奖征文获得者向“双百”
人物包起帆先生和徐虎先生献花

2010 年 4 月 21 日，“双百”人物包起帆先生出席活动并讲话

2010 年 4 月 21 日，“双百”人物徐虎先生出席活动并讲话

2010 年 4 月 21 日，文化部社会文化司于群司长和中共
“一大”会址纪念馆倪兴祥同志出席文化共享工程
“学双百　读好书　迎世博”主题活动

2010 年 4 月 21 日，上海图书馆党委书记穆端正为
有奖征文一等奖获得者杨向明颁奖

全国文化信息资源共享工程宣传学习

“双百”人物专栏网站首页

全国文化信息资源共享工程宣传学习“双百”

人物电子图书系列光盘封面

序言

在喜庆新中国成立60周年之际，我国广大干部群众以饱满的政治热情评选出了“100位为新中国成立作出突出贡献的英雄模范人物和100位新中国成立以来感动中国人物”。2009年9月14日，中央政治局常委李长春同志在“双百”人物代表座谈会上发表重要讲话，明确提出，“通过宣传栏、黑板报、文化信息资源共享工程和现代传播工具等多种载体、多种渠道，广泛传播‘双百’人物的感人事迹和崇高精神，让更多的群众受到教育和激励……”

文化部认真贯彻李长春同志指示精神，安排全国文化信息资源建设管理中心精心策划，积极组织，充分利用网络平台，通过全国文化共享工程各级中心和基层服务点，广泛宣传“双百”人物的感人事迹和崇高精神。其中，管理中心组织开展的全国文化共享工程学习“双百”人物征文比赛活动，参赛规模宏大，征文内容多彩，组织者和参与者都深受感动、深受教育。作者们用质朴的语言深情表达了他们对“双百”人物的崇高敬意，抒发了他们对伟大的党、伟大祖国的无比热爱，传达了他们学习“双百”人物精神的强烈愿望和坚定决心。管理中心还组织开展了多种形式的宣传教育活动，包括网上专栏、电子书刊、展览展示、有奖问答、动漫短片、视频播放等，参与人数众多，实际成效显著，使“双百”人物的感人事迹和崇高精神更加深入人心。

榜样的力量是无穷的。管理中心将此次征文的获奖作品汇编成书，是一件很有意义的事情。它可以帮助广大基层群众深入学习“双百”人物精神，更好地弘扬他们忠于祖国、热爱人民的光荣传统，追求真理、坚持理想的坚定信念，艰苦奋斗、敢于胜利的英雄气概，锐意进取、开拓创新的优秀品格，淡泊名利、无私奉献的高尚情操，还可以通过春风化雨般的滋润，使广大群众在潜移默化中受到启示和感染，从而更加自觉地把个人的发展融入到党和国家的事业发展之中，把人生的价值体现在平凡岗位上的默默奉献之中。

文化共享工程是公共文化服务体系建设的基础性工程，是政府提供公共文化服务的重要手段，肩负着提供优质公共文化服务，保障人民群众基本文化权益的神圣使命。今后，我们要继续发挥好这一平台的独特作用，以此次活动为契机，积极筹建网上爱国主义教育基地，用更多的优秀作品引导人、塑造人、鼓舞人，使之成为广大群众学习先进、净化心灵、丰富精神世界、增强精神力量的不竭源泉。

文化部副部长 杨志今

2010 年 7 月 7 日

目录

附　录

李长春同志在“双百”人物代表座谈会上的讲话

编者按：2009年9月14日，中央政治局常委李长春同志在“双百”人物代表座谈会上发表重要讲话，明确提出，“通过宣传栏、黑板报、文化信息资源共享工程和现代传播工具等多种载体、多种渠道，广泛传播‘双百’人物的感人事迹和崇高精神，让更多的群众受到教育和激励……”。李长春同志的讲话，体现了中央领导对全国文化信息资源共享工程的高度重视和亲切关怀，对文化共享工程提出了新要求，赋予了新使命，为文化共享工程的资源建设和群众服务指明了方向。

同志们：

在全国各族人民喜迎新中国成立60周年之际，广大干部群众以饱满的政治热情评选出了“100位为新中国成立作出突出贡献的英雄模范人物和100位新中国成立以来感动中国人物”。党中央高度重视“双百”人物评选活动，会前，胡锦涛总书记和其他中央政治局常委等中央领导同志，亲切会见“双百”人物代表和部分“双百”人物亲属，并同大家合影留念，这充分体现了党和国家对英雄模范的巨大关怀。今天参加座谈会的是部分“双百”

人物和“双百”人物的亲属，许多“双百”人物已经永远地离开了我们。此时此刻，我们更加深切地缅怀那些为创立和建设新中国献出宝贵生命的英雄模范，他们的丰功伟绩将永载史册。这里，我向已经离开了我们的“双百”人物和革命先烈表示深切怀念！向在座当选“双百”人物的同志表示热烈祝贺！向英雄模范表示崇高敬意！向“双百”人物的亲属表示亲切问候！

在中国革命、建设、改革的各个历史时期，涌现出了无数感天动地、可歌可泣的英雄模范，他们用鲜血和生命，用智慧和汗水，为民族独立和人民解放、国家富强和人民幸福谱写了名垂青史、彪炳千秋的壮丽篇章。他们是民族的脊梁，是时代的先锋，是祖国的骄傲，党和人民将永远铭记，人民共和国将永远铭记，历史将永远铭记。这次评选出的“双百”人物，就是他们中的杰出代表。刚才，几位同志的发言，朴实无华、感情真挚，抒发了在座“双百”人物代表和“双百”人物亲属的共同心声，体现了“双百”人物的崇高精神和优秀品质，体现了对祖国和人民的无限忠诚、对理想信念的执着追求、对实现中华民族伟大复兴的坚定信心，令人感动、催人奋进，给人以力量、给人以鼓舞。今天，我们召开这个座谈会，就是要继承革命先烈的光荣传统，弘扬“双百”人物的崇高精神，推动群众性爱国主义教育活动深入开展，激励全国各族人民为全面建设小康社会、推进中国特色社会主义伟大事业团结奋斗。

下面，我讲几点意见。

一、开展“双百”人物评选是新中国成立60周年庆祝活动的重要内容，是广大干部群众一次生动的爱国主义自我教育活动。

今年是新中国成立60周年，是集中开展群众性爱国主义教育活动的重要时机。组织评选“100位为新中国成立作出突出贡献的英雄模范人物和100位新中国成立以来感动中国人物”，是今年群众性爱国主义教育活动的一项重要内容。这在人民共和国历史上还是第一次，具有十分重要的意义。活动开展以来，各地区各部门高度重视、精心组织，广大群众积极响应、热情参与，新闻媒体全力配合、深入报道，迅速兴起了群众性爱国主义教育活动的热潮，在全社会唱响了共产党好、社会主义好、改革开放好、伟大祖国好、各族人民好的时代主旋律。实践证明，“双百”人物评选活动本身就是一次生动的群众性爱国主义自我教育，一次广泛的革命历史革命传统教育，一次深入的社会主义核心价值体系教育，极大地激发了人民群众中蕴藏的爱国热情，极大地坚定了全国各族人民在中国共产党领导下走中国特色社会主义道路、实现中华民族伟大复兴的信心。这次评选活动突出体现了以下几个方面的特点：

第一，“双百”人物评选活动以爱国主义为鲜明主题，奏响了热爱中国共产党、热爱伟大祖国、热爱人民群众的时代最强音。爱国主义是动员和鼓舞全国各族人民团结奋斗的一面旗帜，是推动我国社会不断发展进步的巨大力量，是中华民族生生不息、薪火相传的强大精神支柱。在中国共产党领导下、走中国特色社会主义道路、实现中华民族伟大复兴，是爱国主义最深刻的时代内涵。英雄模范是爱党爱国的光辉典范，他们在不同时期、不同岗位上为民族独立和人民解放、国家富强和人民幸福作出了突出贡献，以实际行动生动诠释了爱国主义的真谛，谱写了一曲曲爱国主义的动人乐章，铸就了一座座不朽的精神丰碑，是进行爱国主义教育最生动、最鲜活、最直接的教材。开展“双百”人物评选活动，深切缅怀为新中国成立作出突出贡献的英雄模范，热情讴歌新中国成立60年来涌现出来的先进典型，让英雄模范的感人事迹家喻户晓，让英雄模范的崇高精神广为传颂，高扬了爱国主义的伟大旗帜，丰富了爱国主义的深刻内涵，加深了人们对爱国主义的理解认同，激发了人们的爱国之情和报国之志，增强了全国各族人民建设伟大祖国的责任感和使命感。

第二，“双百”人物评选活动以英雄模范为主线，生动展现了党领导人民的革命史、创业史、改革开放史。英雄模范人物是各个时期的先进分子，是各条战线的优秀代表，是革命、建设、改革的中坚力量。他们的先进事迹和崇高精神，代表人民群众愿望，反映社会进步主流，展现着中华民族的奋斗足迹，蕴含着时代精神的深刻内涵，是社会历史前进的生动写照。这次“双百”人物评选活动，以中国革命、建设、改革各个历史时期为坐标，以英雄模范人物为主线，用感人肺腑的先进事迹，绘就了一幅壮美鲜活、大气磅礴的历史画卷，演绎了一部感天动地、气势恢宏的历史活剧，生动展示了党领导人民创造的波澜壮阔的革命史、艰苦卓绝的创业史、开拓创新的改革开放史。通过重温英雄模范人物的感人事迹，重温争取民族独立和人民解放、国家富强和人民幸福的奋斗历程，人们可以更加真切地领会到没有共产党就没有新中国，只有社会主义才能救中国，只有改革开放才能发展中国、发展社会主义、发展马克思主义，更加深刻地认识到新中国的成立来之不易，社会主义建设的成果来之不易，改革开放和现代化建设的成就来之不易，更加珍惜改革发展稳定的大好局面，更加珍惜今天的幸福生活。

第三，“双百”人物评选活动以群众广泛参与为特色，成为一个群众自我教育自我提高的过程。“双百”人物评选是在全国范围组织开展的一项群众性爱国主义教育活动。评选活动坚持群众路线，广泛动员群众，充分发挥群众的主体作用，把评选标准、评选办法、评选程序交给群众，让群众参与到推荐、投票、监督的全过程。坚持面向基层，把评选活动延伸到农村、企业、社区、学校、机关和军营等基层单位，延伸到新经济组织和新社会组织，覆盖到广大工人、农民、干部、学生和部队官兵，覆盖到农民工、离退休人员等特殊人群，深入到各行各业，深入到千家万户。坚持创新方式方法，广泛开辟广播、电视、报纸等参与途径，设立电子邮箱、热线电话等参与方式，开通互联网和手机等参与渠道，搭建了群众全方位、立体化参与的活动平台，有效拓展了群众参与的范围。从城市到农村、从厂矿到军营、从机关到学校，社会各界广泛响应，男女老少踊跃参与投票评选。据统计，全国参与推荐、提名、投票的群众达到1亿人。广泛的群众参与，使评选活动成为人民自我学习、自我教育、自我提高的过程，从中得到情感的共鸣和心灵的洗礼。

第四，“双百”人物评选活动以弘扬崇高精神为导向，在全社会营造了崇尚先进、学习先进的浓厚氛围。英雄模范是崇高思想的弘扬者，是高尚精神的塑造者，对群众具有很强的感染力影响力，总是给人以信心、给人以力量。这次“双百”人物评选活动，坚持推荐评选与宣传教育相结合，不仅见人物、见历史，而且见思想、见精神，是一次英雄模范先进事迹的全面展示，是一次英雄模范崇高精神的广泛传播。广大群众读英雄故事、访英雄故地、唱英雄歌曲、诵英雄名言，和英雄模范近距离地接触、心与心地交流，深深为英雄模范的事迹所打动，深深为英雄模范的思想所感染，深深为英雄模范的精神所折服，一个个可亲可敬的英雄模范，成为人们崇尚敬仰的光辉榜样。“双百”人物评选活动的开展，激励了广大干部群众以英雄模范为榜样，崇尚先进、追求崇高，必将推动全社会进一步形成尊崇英雄模范、热爱英雄模范、学习英雄模范的浓厚氛围。

二、深入挖掘“双百”人物承载的精神内涵，不断丰富和发展以爱国主义为核心的民族精神和以改革创新为核心的时代精神，使之成为激励全国各族人民团结奋斗、实现中华民族伟大复兴的强大精神力量。

伟大的事业孕育伟大的精神。“双百”人物虽然身处不同年代、不同环境、不同岗位，但他们身上所体现出来的崇高精神，在本质上是一致的，那就是：忠于祖国、热爱人民，追求真理、坚持理想，艰苦奋斗、敢于胜利，锐意进取、开拓创新，淡泊名利、无私奉献。这是我们党领导全国各族人民在革命、建设、改革各个历史时期孕育、积累的宝贵精神财富，是以爱国主义为核心的民族精神和以改革创新为核心的时代精神的重要组成部分，是建设社会主义核心价值体系的丰厚精神资源。在建设中国特色社会主义事业的伟大征程中，必须深入挖掘和升华这些精神，大力继承和弘扬这些精神，并不断赋予其新的时代内涵，进一步巩固全党全国各族人民团结奋斗的共同思想基础。

第一，“双百”人物所体现出来的忠于祖国、热爱人民的根本立场，是激励我们实现民族复兴、国家富强、人民幸福的重要力量源泉。近代以来，中华民族之所以历经劫难而生生不息，饱尝艰辛而斗志更强，始终保持旺盛生命力和强大凝聚力，最根本的是一批又一批仁人志士始终怀着对祖国和人民的无限忠诚，以强烈的责任感和使命感，自觉肩负起历史和时代赋予的重任，为祖国和人民的利益奉献一切。“双百”人物就是其中的杰出代表。在革命战争时期，他们抛头颅、洒热血，为民族独立、人民解放、建立新中国冲锋陷阵、英勇奋斗，付出了鲜血和生命。在社会主义革命和建设时期，他们听从党和人民的召唤，以强烈的主人翁精神，在各条战线上忘我劳动、艰苦创业，为社会主义新中国的巩固和壮大奉献全部智慧和力量。在改革开放新时期，他们怀着振兴中华的崇高志向，积极投身改革开放和现代化建设伟大实践，在各自岗位上兢兢业业、勤勉工作，创造了一流业绩，为建设富强民主文明和谐的社会主义现代化国家作出了突出贡献。当前，近代以来中华民族苦苦求索的民族复兴在中国共产党的领导下正在逐步变为现实，党和国家事业的发展站到了新的历史起点上，我们要大力弘扬“双百”人物忠于祖国、热爱人民的光荣传统，把自己的命运与国家和民族的前途紧密联系在一起，为实现全面建设小康社会宏伟目标、共同创造人民的幸福生活和美好未来而不懈奋斗。

第二，“双百”人物所体现出来的追求真理、坚持理想的坚定信念，是激励我们为中国特色社会主义事业努力奋斗的坚实思想基础。理想信念是生命的火炬，是奋斗的旗帜。以“双白”人物为代表的英雄模范，正是怀着对真理的坚定信仰，对理想的执着追求，才能在任何时候、任何情况下始终保持革命乐观主义和革命英雄主义精神。面对敌人的利诱和屠刀，他们大义凛然、威武不屈；面对各种艰难困苦，他们斗志昂扬、奋发进取；面对各种诱惑腐蚀，他们意志坚定、矢志不渝，保持了革命者的本色，经受了严峻的考验，树立了为人类进步事业生命不息、奋斗不止的光辉形象。当前，随着社会主义市场经济的深入发展和对外开放的不断扩大，社会思想观念越来越多元多样多变，东西方思想文化交流交融交锋更加频繁，我们要大力弘扬“双百”人物追求真理、坚持理想的坚定信念，切实做到坚持高举中国特色社会主义伟大旗帜不动摇、坚持中国特色社会主义道路不动摇、坚持中国特色社会主义理论体系不动摇，不为任何风险所惧，不被任何干扰所惑，奋力开拓中国特色社会主义事业新局面。

第三，“双百”人物所体现出来的艰苦奋斗、敢于胜利的英雄气概，是激励我们战胜前进道路上一切艰难险阻的强大精神支柱。沧海横流，方显英雄本色；艰难困苦，砥砺精神品格。在任何艰难险阻面前，都能始终保持不怕困难、敢于胜利的豪迈气概；在任何巨大成就面前，都能始终保持谦虚谨慎、艰苦奋斗的优良作风，是我们党领导全国各族人民不断从胜利走向胜利的重要保证。无论是革命战争年代舍生忘死的革命先烈，还是社会主义革命和建设时期敬业奉献的劳动模范，无论是在抗洪抢险、抗击非典、抗震救灾斗争中涌现出来的英雄人物，还是在各条战线上作出突出业绩的先进典型，他们都用自己的实际行动诠释了艰苦奋斗、敢于胜利的伟大精神，谱写了不怕困难、勇往直前的壮丽篇章。当前，改革进入攻坚阶段，发展处于关键时期，前进道路上还会遇到种种可以预料和难以预料的困难风险，我们要大力弘扬“双百”人物艰苦奋斗、敢于胜利的英雄气概，增强压倒一切困难而不为任何困难所压倒的勇气，坚定信心、振奋精神，迎难而上、共克时艰，推动经济社会又好又快发展，不断夺取全面建设小康社会新胜利，开创中国特色社会主义事业新局面。

第四，“双百”人物所体现出来的锐意进取、开拓创新的优秀品格，是激励我们提高自主创新能力、建设创新型国家的不竭精神动力。创新是民族进步的灵魂，是国家兴旺发达的不竭动力。不同时期的“双百”人物，都能自觉顺应社会发展趋势，敏锐把握时代潮流，善于引领时代变革风气之先，勇于探索，敢于创造，始终保持旺盛的创新激情和创造活力，是各个领域创新创造的倡导者、实践者、领跑者。他们对事业执着追求，坚韧不拔，刻苦攻关，勇于创新，勇攀高峰，为推动我国社会发展进步作出了积极贡献。当前，世界范围内以信息技术为先导的科技革命加速推进，创新越来越成为经济社会发展的引擎，越来越成为综合国力竞争的关键，我们要大力弘扬“双百”人物锐意进取、开拓创新的优秀品格，大力推进理论创新、观念创新、体制机制创新、科技创新、文化创新以及其他各方面创新，着力提高自主创新能力，加快建设创新型国家，努力在激烈的国际竞争中把握先机、赢得主动。

第五，“双百”人物所体现出来的淡泊名利、无私奉献的高尚情操，是激励我们服务人民、奉献社会的有力道德支撑。淡泊名利，才能做到志存高远；无私奉献，才能升华人生价值。不同时期、不同领域的“双百”人物，都用感人至深的事迹生动诠释了淡泊名利、无私奉献的深刻内涵。他们始终牢记全心全意为人民服务的根本宗旨，不断追求无私奉献的崇高境界，把国家和民族的利益置于个人利益之上，把个人的发展融入党和国家事业发展之中，自觉到最艰苦的地方、到祖国和人民最需要的地方建功立业，在平凡的岗位上兢兢业业，干一行爱一行钻一行，在服务人民、奉献社会的过程中实现人生的价值。当前，随着经济体制深刻变革、社会结构深刻变动、利益格局深刻调整、思想观念深刻变化，人们思想活动的独立性、选择性、多变性、差异性明显增强，迫切需要引导人们树立正确的世界观、人生观、价值观，我们要大力弘扬“双百”人物淡泊名利、无私奉献的高尚情操，自觉践行社会主义荣辱观，努力加强社会公德、职业道德、家庭美德、个人品德建设，坚决抵制拜金主义、享乐主义、极端个人主义，不断提高全民族思想道德素质和社会现代文明程度，更好地推动科学发展、促进社会和谐。

三、深入开展学习宣传“双百”人物活动，把英雄模范的崇高精神转化为广大干部群众全面建设小康社会的实际行动。

当前，全党全国各族人民正紧密团结在以胡锦涛同志为总书记的党中央周围，满怀信心地沿着中国特色社会主义道路奋勇前进。深入开展学习宣传“双百”人物活动，大力弘扬“双百”人物的崇高精神，是全面建设小康社会、实现中华民族伟大复兴的迫切需要，是推进社会主义先进文化建设的重要工作，是建设社会主义核心价值体系的重大任务。我们要抓住机遇、乘势而上，不断拓展学习宣传的广度深度，努力把“双百”人物评选活动的成果转化为爱党、爱社会主义、爱改革开放、爱伟大祖国、爱中华民族的坚定意志，转化为继续解放思想、坚持改革开放、推动科学发展、促进社会和谐的实际行动。

第一，大力宣传“双百”人物，使他们的感人事迹和崇高精神深入人心、世代相传。一个民族、一个国家，要开创一项伟大的事业，必须要有强大的精神力量作支撑。要大力宣传“双百”人物的感人事迹和崇高精神，使爱国奉献成为时代风尚和社会主流，成为凝聚全体人民不断开创中国特色社会主义事业新局面的强大精神力量。

要充分发挥新闻媒体包括新兴媒体的作用，把“双百”人物的宣传与新中国成立60周年的宣传紧密结合起来，进一步加大宣传力度，深入发掘“双百”人物的动人故事，广泛报道他们的光辉业绩，热情颂扬他们的高尚品德，最大范围地传播他们的崇高精神。要充分发挥学校教育的作用，在大中小学语文、历史、思想政治理论课教材中充实“双百”人物的事迹，使“双百”人物的感人事迹和崇高思想进教材、进课堂、进学生头脑，成为广大青少年学习先进、净化心灵、丰富精神世界、增强精神力量的不竭源泉。要充分发挥文艺作品的作用，积极创作生产更多反映“双百”人物先进事迹和崇高精神的诗歌、小说、电影、电视剧、戏剧、歌曲、动漫等，用优秀作品引导人、鼓舞人、塑造人。要充分发挥理论宣传和社会宣传的作用，通过座谈研讨、报告宣讲、展览观摩、公益广告等形式，使“双百”人物更好地走进群众、走进生活。

第二，广泛组织学习“双百”人物活动，努力在全社会掀起学习英雄模范、崇尚英雄模范的热潮。学习“双百”人物活动是社会主义核心价值体系建设的有效载体，必须长期不懈地抓下去，务求取得实际效果。要把学习“双百”人物与群众性精神文明创建活动结合起来，在农村、企业、社区组织开展各种形式的“双百”人物事迹讲诵和学习讨论活动，通过宣传栏、黑板报、文化信息资源共享工程和现代传播工具等多种载体、多种渠道，广泛传播“双百”人物的感人事迹和崇高精神，让更多的群众受到教育和激励。要把学习“双百”人物与加强青少年思想道德建设结合起来，通过组织学习、座谈、演讲、参观爱国主义教育基地、开展红色旅游、请英雄模范做报告等多种形式，让“双百”人物的事迹在青少年中广为传颂，使“双百”人物成为青少年心目中的偶像和成长道路上的路标。要把学习“双百”人物与开展民族团结宣传教育结合起来，大力宣传“双百”人物在维护国家统一、促进民族团结方面的生动事迹，引导干部群众更加深切地认识到民族团结是福、是各族人民根本利益之所在，牢固树立“三个离不开”的思想。要把学习“双百”人物与开展红色旅游结合起来，把“双百”人物的事迹作为红色旅游的重要资源，进一步丰富爱国主义教育基地特别是英雄模范纪念馆、博物馆的展陈内容，增强教育效果。

第三，以“双百”人物为榜样，激励人们在全面推进中国特色社会主义伟大事业的进程中争当先进、建功立业。任何时代、任何历史时期，国家的富强、民族的进步、人民的幸福，都需要一大批先进人物勇敢地担当起时代赋予的重任，成为群众的榜样、社会的楷模、时代的先锋、民族的脊梁。当今中国正处于伟大变革的时代，迫切需要涌现出一大批勇于承担历史使命、为祖国和人民奉献一切的先进人物。要以“双百”人物为榜样，激励更多的人从自身做起，把英雄模范的崇高精神转化为自觉行动。要像“双百”人物那样，坚定理想信念，把个人的抱负同全民族的共同理想统一起来，在推动民族振兴的进程中实现自身价值；要像“双百”人物那样，爱岗敬业、刻苦钻研，在平凡的岗位上创造不平凡的业绩；要像“双百”人物那样，争做创新创业的先锋，为提高自主创新能力、建设创新型国家贡献聪明才智；要像“双百”人物那样，牢固树立正确的世界观、人生观、价值观，培养高尚情操，提升人生境界，做社会主义荣辱观的积极践行者。我们相信，在“双百”人物崇高精神的引领下，在建设社会主义现代化国家的征程中，必将涌现出更多为中华民族伟大复兴而忘我奋斗的英雄模范人物，涌现出更多感动中国的人物，使我们这个时代成为英雄辈出的时代，使我们民族的脊梁更加强壮。

英雄模范为中国革命、建设、改革作出了突出贡献。尊重和关爱英雄模范，是社会文明程度的重要体现，是全社会的共同责任。各级党委和政府要坚持以人为本，多从政治上、工作上、生活上关心英雄模范及其亲属，为他们的工作创造良好条件，帮助他们解除后顾之忧，把党和政府的关怀送到他们每个人的心坎上。在座的“双百”人物代表要继续发扬好传统好作风，戒骄戒躁、再接再厉，努力为党和人民作出新的更大贡献。

同志们，我们的事业是前无古人、无上光荣的伟大事业，我们的时代是英雄辈出、群星璀璨的伟大时代。让我们更加紧密地团结在以胡锦涛同志为总书记的党中央周围，高举中国特色社会主义伟大旗帜，以邓小平理论和“三个代表”重要思想为指导，深入贯彻落实科学发展观，坚定信念、勇往直前，开拓进取、奋力拼搏，为夺取全面建设小康社会新胜利、开创中国特色社会主义事业新局面、实现中华民族伟大复兴而奋斗！

全国文化信息资源共享工程学习、宣传“双百”人物系列活动纪实

张博

为贯彻落实中央政治局常委李长春2009年9月14日在“100位为新中国成立作出突出贡献的英雄模范人物和100位新中国成立以来感动中国人物”代表座谈会上关于通过文化信息资源共享工程等多种载体、多种渠道，广泛传播“双百”人物的感人事迹和崇高精神，让更多的群众受到教育和激励的讲话精神，以及李长春同志就新华社百集电视专题片《感动中国——共和国100人物志》所做的关于将“感动中国人物志”纳入全国文化信息资源共享工程传播到全国各个角落，充分发挥其教育作用的批示精神，文化部全国文化信息资源建设管理中心（以下简称“管理中心”）立即行动起来，在第一时间安排部署有关工作，全力通过全国文化信息资源共享工程平台（以下简称“文化共享工程”）宣传“双百”人物的事迹和精神。

管理中心2009年9月15日向全国文化共享工程各省级分中心下发《关于开展学习“双百”人物活动的通

知》，要求全国文化共享工程各省级分中心结合当地实际，通过网上活动和资源服务等开展形式多样的学习活动。同时在文化共享工程网站开设《“双百”人物 感动中国》专栏，宣传英雄模范与感动中国人物的事迹。管理中心还利用《感动中国——共和国100人物志》电视专题片部分资源，在“辉煌60年——中华人民共和国成立60周年成就展”上滚动播放，吸引了很多观众、尤其是青少年观众驻足观看。

管理中心随后精选了适合青少年阅读的“双百”人物题材电子图书，配合《感动中国——共和国100人物志》部分资源，包括《焦裕禄——永远的榜样》、《邓稼先——有方向的人生》、《林巧稚——万婴之母》、《时传祥——新社会的握手》、《王进喜——拼命拿下大油田》等，迅速下发到各省分、支中心和基层服务点，开展“双百”人物宣传服务活动，收到良好效果。为进一步做好这项工作，加大宣传“双百”人物力度，管理中心日前在文化共享工程主站醒目位置推出了精心打造的《“双百”人物 感动中国》专栏，通过人物风采、“双百”书苑、影视展播、感动中国人物志、感想感言、有奖问答6个子栏目，介绍、宣传“双百”人物精神，颂扬英雄模范的先进事迹。同时整合了“双百”人物题材的爱国主义电影，并启动了“双百”人物原创动漫系列片项目。目前，该系列动漫已制作完成《赤子之怀——华罗庚的故事》、《飞翔的翅膀——张海迪的故事》和《刘胡兰的故事》三部。

不仅如此，管理中心还以学习“双百”人物的事迹和精神为主线，结合文化共享工程工作实际，于2009年10月20日在全系统范围内开展了学习“双百”人物事迹主题征文活动。这次征文活动得到了全国文化共享工程各级中心及基层服务点的积极响应，精心组织了本省的征文活动。其中，福建省分中心在第一时间即发来9篇稿件，为征文活动的顺利进行开了好头；上海、北京、广东、陕西、山东、天津、湖南、黑龙江、安徽、河南等省级分中心得力的组织工作也对此次活动给予了大力支持；而西藏、广西、贵州等少数民族地区兄弟单位的积极参与更为征文活动锦上添花。各地很多从事共享工程或了解共享工程工作的同志和朋友，纷纷把自己学习“双百”人物的真挚情感结合全国文化共享工程工作凝汇成一篇篇感人的美文发至管理中心。他们之中既有长期以来坚持战斗在文化共享工程战线上的老兵，也有“刚刚入伍”的新面孔；既有耐住寂寞无论春夏秋冬都日复一日地重复着繁杂工作的“办公室”们，也有顶风冒雨、奔波在田间巷尾的基层工作者。这次征文活动也得到了很多一直关注文化共享工程事业的朋友们的热情参与。虽然在活动截止日期已征得稿件592篇，但还是有许多“感言”接踵而至。

为体现“征文”评审的客观、公正、公平、公开，管理中心精心设计了征文活动的评审程序和规则，综合考虑征文的文学性、思想性、针对性及感染力等因素，特别邀请了文化部办公厅、国家图书馆、中国文化报社、中国图书馆学会、中央广播电视大学、首都图书馆的有关专家，同管理中心相关同志组成十二人评审专家组，对所有应征稿件进行了初选、复选和终审三轮无记名评审，最终评出一等奖1名、二等奖4名、三等奖10名、优秀奖10名、组织奖5名，并于2010年4月21日在上海举办的“学双百　读好书　迎世博”主题活动中，荣幸地邀请到获得“100位新中国成立以来感动中国人物”殊荣的包起帆、徐虎两位“双百”人物及文化部社会文化司司长于群为征文活动的获奖代表颁奖。

包起帆、徐虎两位“双百”人物在“学双百　读好书　迎世博”主题活动中作了精彩发言。

包起帆表示，自己只不过在本职岗位上做了一点应该做的事，与其他199位“双百”人物相比，很渺小。他认为，“学双百　读好书　迎世博”主题活动很有意义。他说，精神文明的建设绝不亚于物质文明建设，文化对人精神的陶冶、培养至关重要，需要文化人作大量工作，这对中华民族而言功德无量。

徐虎在发言中表示，自己的工作非常平凡，就是千万次地重复——把灯泡修亮、把暖气修热……老百姓的安居乐业，离不开身边的普通劳动者。他认为，宣传学习“双百”是党的需要，是社会的需要，是一次爱国主义的教育。最后，徐虎同志勉励青年人，一分耕耘一分收获；360行行行出状元，希望大家在平凡的岗位上做出不平凡的业绩！

全国文化共享工程学习“双百”人物事迹主题征文活动的成功举行，为管理中心进一步策划开展共享工程宣传、学习“双百”人物的系列活动奠定了良好基础。管理中心同时着力加大宣传“双百”人物力度，扩大宣传“双百”人物影响范围，让更多的群众受到教育和激励，努力发挥好文化共享工程宣传、教育平台作用。

此外，文化共享工程各省分、支中心积极贯彻落实李长春同志批示和讲话精神，响应管理中心号召，分别通过网上活动、讲座、座谈、演讲、读书活动、放映专题影片等形式，先后在全国各地开展了系列主题宣传活动，使“双百”人物事迹在城市乡村、企业社区、大街小巷、各族同胞、男女老幼之间以及互联网上广泛传播，为广大基层群众认识、走近、了解“双百”人物提供了互动平台。

湖北省分中心2009年10月11日邀请刚从国庆60周年阅兵庆典上归来的全国“双百”人物吴天祥做客“荆楚讲坛”，作了题为“我的目标就是当个人民的儿子”的专题报告。吴天祥是武昌区人民政府巡视员，是唯一出席2009年9月14日在人民大会堂举行的“双百”人物代表座谈会的湖北省代表，近年来先后受到胡锦涛总书记7次接见。报告会上，吴天祥讲述了自己把“奉献”二字当做人生信条，一心为民，甘当公仆，面对群众求助毫无保留奉献全部的感人事迹，用朴素的语言表达自己的心声：“当我离开人世的时候，老百姓能够认为我是一个干干净净的人，是一个为老百姓办事的人，我就感到心满意足了。”这场报告深深地感动了在场的每一位听众。吴天祥还与省分中心“吴天祥小组”部分成员进行了座谈，就青年同志提出的长期坚持做好事的动力等有关问题一一作答，并提出希望。

山东省分中心及时利用山东文化共享工程平台，组织实施了一系列宣传“双百”人物活动。一是精选部分宣传“双百”人物的影视作品，在山东省文化共享工程流媒体服务平台的国庆影视专栏中播出；二是将挑选的“双百”人物影视作品，通过移动播放器向广大基层群众进行播放；三是省分中心专门下文通知各支中心，要求基层服务点充分利用文化共享工程服务网络和丰富的资源，采取灵活的方式开展宣传“双百”人物活动；四是精选部分宣传“双百”人物的书籍及电子书，在外借窗口及网上在线读书栏目开辟专栏，方便群众学习。

西藏自治区分中心在有限的条件下，结合实际工作刻录了《董存瑞》、《狼牙山五壮士》、《八女投江》、《焦裕禄》等优秀电影各60张，下发给曲水县支中心和茶巴乡农牧民群众以及中心完小的师生，在当地群众中掀起了学习英模、崇尚英模的热潮。西藏分中心还逐一登记三十多户未拿到刻录光盘的农牧民群众，承诺尽快将光盘送到他们手中。一位农民感慨地说："从'双百'人物身上，我们看到了个人命运与国家、民族命运的叠合。"在此次宣传、学习活动中，西藏分中心全体员工一致表示，大家在了解到英模们的先进事迹后，更加深刻地懂得了今天幸福生活的来之不易，在今后的工作中，一定要学习"双百"人物精神，把各项工作做到实处，为建设和谐小康的新西藏贡献自己最大的力量。

黑龙江省青冈县支中心通过网络、馆舍、电视等多种方式进行宣传，并向青冈县的每个社区赠送136册与"双百"人物相关的电子图书，组织广大读者在阅览"双百"人物电子图书后写出心得体会，从而在全县范围内掀起学习英雄模范、崇尚先进人物的热潮。

江西省分中心在本馆内通过报纸、网络倡导学习"双百"人物精神，号召广大读者、尤其是青少年读者积极参与学习活动并发表感想。分中心还挑选有关"双百"人物以及爱国主义影视作品，利用文化共享工程设备深入社区开展影片放映活动，并邀请两位老八路军战士为社区居民讲述自己的亲身经历。

甘肃省分中心下到兰州市南河滩社区等基层，为那里的居民播放了有关"双百"人物的视频资源，吸引了很多居民驻足观看。

另外，管理中心还于2009年10月在浙江省萧山举行的"文化共享杯"全国文化信息资源共享工程知识与技能竞赛上，将“双百”人物作为重点内容编排到初赛、复赛、半决赛、总决赛的13轮题目当中，让来自全国文化共享工程系统的31个省的代表队，通过必答题、抢答题、猜猜看等环节的角逐，检验各省学习“双百”的情况，同时面向全国文化共享工程各省级分中心、县级支中心以及基层服务点进行现场直播，对共享工程全系统学习“双百”人物活动进行了一次全面总结和展示。

文化共享工程通过自身平台，以独有的服务形式在全国广泛开展的宣传、学习“双百”人物系列活动，有力推动了“双百”人物的感人事迹和崇高精神在全社会的推广和普及，带动了全社会崇尚英模、学习英模的良好风尚，在促进和谐社会、学习型社会两方面发挥了积极作用。

全国文化共享工程学习“双百”人物有奖征文活动获奖作者名单

一等奖（1名）

题目：樊锦诗——用生命的华彩守望敦煌

作者：杨向明　　文化共享工程河南省分中心

二等奖（4名）

1. 题目：平凡铸就辉煌

作者：王智群　　文化共享工程四川省绵阳市支中心

2. 题目：扬一多精神　做红烛传人

作者：蔡应朝　　文化共享工程湖北省浠水县支中心

3. 题目：弘扬“起帆”精神，开创厚街基层文化共享新局面

作者：李保东　　文化共享工程广东省东莞市支中心厚街分馆

4. 题目：学习“双百”感悟

作者：侯玉婕　　文化共享工程天津市津南区支中心

三等奖（10名）

1. 题目：巾帼英雄　侠骨柔肠

作者：秦雅敏　　文化共享工程上海市青浦区支中心

2. 题目：向“双百”人物致敬

作者：王长英　　文化共享工程山西省昔阳县支中心

3. 题目：脊梁不倒　精神永存

作者：任　强　　文化共享工程湖北省孝感支中心

4. 题目：永不言弃

作者：王晓霞　　文化共享工程安徽省太湖支中心

5. 题目：学习英雄人物　争做民族脊梁

作者：王　隽　　文化共享工程湖南省分中心

6. 题目：学习“双百”人物　学会审视自己

作者：张　博　　文化部全国文化信息资源建设管理中心

7. 题目：用文化共享平台　弘扬双百精神

作者：孔德双　　文化共享工程湖南省湘西州花垣县支中心

8. 题目：时代精神的底蕴

作者：刘　晶　　文化部全国文化信息资源建设管理中心

9. 题目：守望家园的道德　呵护永恒的精神

作者：许　丽　　文化共享工程山东省聊城支中心

10. 题目：不朽的精神　永恒的力量

作者：张德平　　文化共享工程山东省沂水支中心

优秀奖（10名）

1. 题目：我工作　我超越　我快乐

作者：梁惜文　　　　文化共享工程海南省保亭支中心

2. 题目：时代的丰碑　精神的升华

作者：张峰涛　　　　文化共享工程山西省太原支中心

3. 题目：走进殉国地　祭拜将军魂

作者：李　薇　　　　文化共享工程吉林省辽源支中心

4. 题目：学习孔繁森精神，争做文化共享标兵

作者：刘　雷　　　　文化共享工程河南省分中心

5. 题目：名垂青史　彪炳千秋

作者：梁仁鑫　　　　文化共享工程广西壮族自治区拉堡支中心

6. 题目：做人要做他们那样的人

作者：余世磊　　　　文化共享工程安徽省太湖支中心

7. 题目：学习“双百”人物精神，做新时代的女性

作者：侯　勇　　　　文化共享工程安徽省分中心

8. 题目：传承是社会前进的不竭动力

作者：李艳莹　　　　文化共享工程天津市宝坻区海滨街道办事处吴辛庄村基层点

9. 题目：以学者之节，扬敬业之气

作者：常　青　　　　文化共享工程陕西省渭南市临渭区支中心

10. 题目：学习双百人物精神，推进社会主义文化事业大发展

作者：吴会强　　　　文化共享工程广东省江门市五邑区支中心

全国文化共享工程学习“双百”人物有奖征文活动组织奖名单：

上海市分中心

北京市分中心

广东省分中心

陕西省分中心

山东省分中心

用生命的华彩守望敦煌

文化共享工程河南省分中心　杨向明

樊锦诗：女，汉族，浙江省杭州市人，中共党员。1938年出生，现任敦煌研究院院长。

樊锦诗从北京大学毕业后，扎根戈壁沙漠40多年，潜心于敦煌石窟的考古研究，为敦煌莫高窟这一人类宝贵的文化资源保护与利用作出了杰出贡献，被誉为“敦煌的女儿”。她提出了“莫高窟治沙工程”等13项文物保护工程，独创了一套新型砂砾岩石窟崖体裂缝灌浆，风化崖面防风化加固的材料、工艺和技术，使莫高窟文物保护环境得到改善，本体病害和损毁得到遏制。她规划出新世纪敦煌文物保护与利用的蓝图，首次提出了运用计算机技术进行敦煌壁画、彩塑艺术永久保护和展陈利用的构想并付诸实施。她运用考古类型学的方法，完成了敦煌莫高窟北朝、隋及唐代前期的分期断代，成为学术界公认的敦煌石窟分期排年成果。她积极开展文物保护领域的国际合作，成功解决了敦煌石窟研究和保护的有关难题。她牵头起草的《敦煌莫高窟保护条例》成为甘肃省第一部为保护一处文化遗址作出的专项立法。她编写的26卷大型丛书《敦煌石窟全集》集中展示了敦煌石窟百年研究的成果。她是中共十三大代表，被授予全国优秀共产党员、全国先进工作者，获得全国三八红旗手等荣誉称号。

2009年10月24日，浙江杭州萧山，“文化共享杯——全国文化信息资源共享工程知识与技能竞赛”复赛第三场抢答题部分正在如火如荼进行，当现场主持人提问：“她扎根戈壁沙漠40多年，潜心于敦煌石窟的考古研究，为敦煌莫高窟这一人类宝贵的文化资源保护与利用作出了杰出贡献，被誉为‘敦煌的女儿’，请问她是谁？”话音刚落，后来夺取本届冠军的年轻的四川代表队员杨曦应声回答：“樊锦诗！”主持人宣布：“回答正确，加十分！”

此时坐在台下的我心里陡然一动，“樊锦诗”一个熟悉而又亲切的名字，我家与这位2005年度感动中国年度人物、“100位新中国成立以来感动中国人物”当选者有不解之缘。身为敦煌研究院院长的樊锦诗，是我父亲，原河南省文物考古研究所所长杨育彬当年在北京大学历史系考古专业的同学。六年前我第一次踏上敦煌莫高窟这片神奇的土地，有幸见到樊院长，并聆听她娓娓道来用生命的华彩守望敦煌的激情，从近距离感触这位“敦煌的女儿”的风采！

在大西北的荒漠里，敦煌莫高窟已经有1600多年的历史，作为全国重点文物保护单位和联合国世界文化遗产，这里美轮美奂的石窟艺术与极其丰富的古代文献记载着中华文化曾有过的无与伦比的璀璨与辉煌。

在2005年度感动中国年度人物评奖辞中，是这样描写这位莫高窟的“女守护神”的：“她守护国宝40多年，从青春少女到满头华发。她有愧于家庭、有愧于孩子，也怠慢了自己，但却用40多年的守望告诉世人，她无愧于敦煌！季羡林先生说，她为敦煌牺牲了一辈子。前有常书鸿，后有樊锦诗。而她说：我做梦，都会梦见敦煌；醒过来，还是敦煌。有时候，我跟大家开玩笑，我说，如果我死了，让我留一句话，我就留这么一句：我为敦煌尽力了。”

她就是樊锦诗，一个有传奇色彩的人物，一个卓有声望的敦煌研究学者，在近半个世纪的岁月里，戈壁大漠的风沙已将西部的粗犷、豁达糅合进这位年逾七旬的杭州女性的内心。她曾经说过：“我老说一种魅力，一个极大的吸引力在吸引你。愿意留下，死心塌地地留下，现在就上升到一种责任、一种使命，保护不好真是千古罪人。”为保护敦煌这块神奇的地方，她倾心倾力于此几乎一生，她爱说的一句话就是：“我早已习惯了大西北，爱上了莫高窟，把研究石窟、保护石窟当成了终生的事业。”她身形瘦小但不文弱，个性鲜明。六年前与她短暂的接触，就令人感觉到几重身份给她的烙印：学者的执拗、率真、严谨；行政工作的琐屑磨砺出的耐性和院长的威严、不讲情面；野外工作性质给予女性的身心的洗礼。

对樊锦诗而言，把敦煌的一切不留遗憾地传下去，也许正是支撑她不管多么艰难都要走下去的信念。有人说，不见大漠，不知天地之广阔；不见胡杨，不知生命之辉煌。在我看来，樊锦诗，就是一株守望敦煌的胡杨。

茫茫大漠里，从春到冬，从青春年华到满头银发，樊锦诗潜心于石窟考古研究工作，她运用考古类型学的方法，结合洞窟中的供养人题记、碑铭和敦煌文献，先后撰写了《莫高窟北朝洞窟分期》、《莫高窟隋代洞窟分期》、《莫高窟唐代前期洞窟分期》等一批研究论文，完成了敦煌莫高窟北朝、隋及唐代前期的分期断代，揭示了各个时期洞窟发展演变的规律和时代特征。这些学术成果为敦煌石窟的各项研究奠定了坚实的基础，得到了学术界的认可。她撰写的《敦煌石窟研究百年回顾与瞻望》，是对20世纪敦煌石窟研究的总结和思考。由她主编，香港商务印书馆出版的26卷大型丛书《敦煌石窟全集》则是百年敦煌石窟研究的集中展示。她发起并组织起草的《甘肃省敦煌莫高窟保护条例》，为莫高窟文化遗产保护提供了具体的法律保障。她主持制定的《莫高窟保护总体规划(2005—2025年)》，明确了敦煌莫高窟未来20年保护、研究、利用和管理的分项规划目标。提出了将其建成世界级的遗址博物馆、文化遗产地、敦煌石窟研究信息资料中心、石窟壁画保护研究中心的发展总目标。

作为全国文物考古界的杰出代表，樊锦诗面对莫高窟保护与利用的世界难题，始终保持旺盛的创新激情和创造活力。地处戈壁的敦煌研究院拥有从事文物保护的6位博士，她引领这些人才，在6年时间里，摸索出一套壁画典型病害的修护措施，不仅把修复过程中对壁画的损伤降到最小程度，且使根治壁画病害成为现实。以此为标志，中国的文物保护进入科学而规范的保护阶段，而敦煌研究院也有了与世界发达国家文物保护机构平等对话的权利。日本著名敦煌学家池田温教授感慨地说："我们必须承认，敦煌研究院已成为现今世界上当之无愧的敦煌学研究中心!"

樊锦诗只有一个心愿："莫高窟被列入世界遗产，这是一种承诺，就要保护它，使它永续发展；作为守护者，我们的责任就是要把它真实完整地保存给子孙后代。"她把文物保护与合理利用紧密结合起来，在充分调查研究的基础上，提出了"莫高窟治沙工程"、"数字敦煌馆工程"等十三项文物保护与利用工程，为新世纪敦煌文物的保护与利用构筑了宏伟蓝图。不进入洞窟，同样能欣赏精美的壁画、彩塑，感受令人心醉的敦煌文化，这就是"数字敦煌"的魅力。从上个世纪 80 年代起，樊锦诗就坚持走国际化合作之路。在联合国教科文组织等有关人士的帮助下，敦煌研究院先后与日本东京国立文化研究所、美国梅隆基金会以及澳大利亚、英国的文物保护和研究机构合作，在莫高窟环境与风沙治理、莫高窟壁画颜料分析、壁画病虫害治理、壁画数字化等方面，取得了一系列研究成果，1994 年"国际敦煌项目"启动，发起单位有法国国家图书馆、大英图书馆、俄罗斯科学院东方研究所与中国国家图书馆等。该项目主要目标是："建立一个虚拟的敦煌藏经洞，让全世界的研究人员能够从电脑上免费得到这些分散在世界各地的文物资料。"1998 年，敦煌研究院与美国梅隆基金会、美国西北大学合作开展的"数字化敦煌壁画合作研究"启动。2004 年，经过详细规划和论证，敦煌研究院向国家有关部门递交了《敦煌莫高窟保护利用设施》项目申请报告。按照该报告规划，敦煌研究院计划筹建数字、保护、展示三大综合中心，将数字技术全方位引入敦煌文物的保护、研究与利用。

对于她几十年扎根大漠，倾全力保护、研究与利用敦煌石窟所做出的杰出贡献，国家与人民不会忘记，中共十三大代表、全国政协委员、全国优秀共产党员、全国先进工作者、全国“三八红旗手”等荣誉称号纷至沓来。面对荣誉，樊锦诗平静如水，她说：“我觉得我很平凡。我今年71岁了，对个人生命而言很长，但对历史来说是很短的一个瞬间。我也不能说我真的做好了一件事情，从历史辩证法来看，当时觉得做好的事情，以后未必能经得起历史的检验。我只能说，我做了一件有意义的事情。”

李长春同志在出席“双百”人物座谈会讲话中指出：“任何时代、任何历史时期，国家的富强、民族的进步、人民的幸福，都需要一大批先进人物勇敢地担当起时代赋予的重任，成为群众的榜样、社会的楷模、时代的先锋、民族的脊梁。”沧海横流，方显英雄本色；艰难困苦，砥砺精神品格。从樊锦诗院长等“双百”模范人物所体现出来的淡泊名利、无私奉献的高尚情操，是激励我们从事文化共享工程工作服务基层、奉献社会的有力道德支撑。淡泊名利，才能做到志存高远；无私奉献，才能升华人生价值。通过这一段时间不断学习与交流，我们深深为英雄模范的事迹所打动，深深为英雄模范的思想所感染，深深为英雄模范的精神所折服。“双百”人物都用自己的实际行动诠释了艰苦奋斗、敢于胜利的伟大精神，谱写了不怕困难、勇往直前的壮丽篇章。

结合我们日常所从事的文化共享工程服务工作，中央领导评价它：“是公共文化服务体系的基础工程，是政府提供公共服务的重要手段，是实现广大人民群众基本文化权益的重要途径，是改善城乡基层文化服务的创新工程。”其实质就是“用先进技术传播优秀文化”，我们为所从事的工作感到无上的光荣，为能成为这个团队中的一员分外珍惜。就像敦煌研究院利用“数字敦煌”等现代化创新技术向世人展示莫高窟那样，我们文化共享工程通过 IPTV 机顶盒、数字电视、卫星网等途径传播文化资源服务基层群众。我们学习“双百”人物，就是要像他们那样始终牢记全心全意为人民服务的根本宗旨，不断追求无私奉献的崇高境界，把国家和民族的利益置于个人利益之上，把个人的发展融入党和国家事业发展之中，在平凡的岗位上兢兢业业，干一行爱一行钻一行，在服务人民、奉献社会的过程中实现人生的价值。“服务立馆，文化办馆，科研兴馆，人才强馆”是我们今后努力的方向！

从杭州萧山到祁连敦煌，从河南龙门石窟到甘肃莫高窟，我与樊锦诗院长进行了一次时空对话。樊锦诗的故乡在杭州，全国文化共享工程知识与技能大赛也在此举办，我也有幸荣获本届大赛“优秀选手奖”，这不能不说是一种巧合！大赛虽已圆满收关，而参与此次竞赛的选手更像一粒粒种子散向全国，怀抱着学习“双百”英雄模范人物爱岗敬业、刻苦钻研的干劲，薪火相传！

但愿有机会再到敦煌，在静静的夜空下听她讲述用生命守望敦煌的华彩乐章！

樊锦诗（左）与作者合影

平凡铸就辉煌

——学“双百”人物王顺友引起的反思

文化共享工程四川省绵阳市支中心　王智群

王顺友：男，苗族，四川省木里藏族自治县人，中共党员。1965 年出生，现为四川省凉山彝族自治州木里藏族自治县马班邮路投递员。

王顺友担负着从木里县城到倮波乡邮路的投递工作。这段马班邮路往返里程 360 公里，山高路险，气候恶劣，有时一天要经过几个气候带。由于投递路线长，他一年有 330 天左右的时间奔波在邮路上，饿了就吃几口糌巴面，渴了就喝几口山泉水，困了就睡在荒山岩洞。但他仍然坚韧执着、乐观向上，唱着自编的山歌，一丝不苟地勤奋工作，年年出色完成投递任务。24 年来，他在雪域高原送邮行程达 26 万多公里，相当于走了 21 趟 25000 里长征。24 年来，他没有延误过一个班期，没有丢失过一封邮件，投递准确率达到 100%。在做好本职工作的同时，他还热心为农村发展经济办好事、办实事，为农民群众传递科技信息、致富信息，购买优良种子。为了给群众捎去生产生活用品，王顺友甘愿绕路、甘愿贴钱、甘愿吃苦。多年来，王顺友成了邮路沿线百姓联系山外的纽带。他用实际行动实践着“为人民服务不算苦，再苦再累都幸福”的人生追求，受到当地藏族同胞的衷心爱戴。他被授予全国优秀共产党员等荣誉称号，被评为全国道德模范。

我是共享工程四川绵阳中心的一名工作人员，2000年参加工作的第一天，我来到了图书馆。宽敞的阅览室，浩瀚的书海深深地吸引了我。刚走进社会，一切都是新鲜的，对未来满腹期待，心想终于走出学校大门了，是大展拳脚的时候了。刚参加工作那时，一直对自己高标准，严要求，心里曾想过有机会成就一番大事业，可随着时间的推移，加之图书馆工作的平淡，日复一日，渐渐地我的激情耗尽了，我的“目标”也越来越模糊，以至于看不清前进的方向，我开始怀疑自己上班下班到底是为了什么，难道仅仅是为了几个工资吗？工作没有了目标，做事就没有了动力，于是我开始放松对自己的要求，不求有功，但求无过，心无寄托，这样的日子过了两年。突然有一天在电视上看到一个专题片引起了我强烈的反思，顿时觉得自己很羞愧，觉得先前的想法很幼稚，可以说是一错再错。

在绵延数百公里的木里县雪域高原上，一个人，歪着脖子的人，牵着一匹马驮着邮包默默行走的场景定格在我的脑海中，这个人就是木里藏族自治县邮政局的一个普通的苗族乡邮员；一个24年来每年都有330天以上独自行走在马班邮路上的邮递员；一个在雪域高原跋涉了 26 万公里、相当于走了 21 趟 2500 里长征、绕地球赤道 6 圈的共产党员——王顺友。24 年，他一个人跋山涉水、风餐露宿，按班准时地把一封封信件、一本本杂志、一张张报纸准确无误地送到每个用户手中；24 年，他一路奔波不喊累不叫苦，战胜孤独和寂寞，将党和政府的温暖、时代发展的声音和外面世界的变迁不断地传送到雪域高原的村村寨寨，把党和各族群众的心紧紧地连在了一起。

王顺友淡泊名利、无私奉献的高尚情操深深地打动了我，他敲醒了我沉睡的思维，于是我开始整理思路，制定新的目标，决心把自己负责的共享工程绵阳市级中心工作做好、做实，确保把精品文化资源送到最需要的人民群众身边去。

再一次以饱满的热情投入工作，好像迷路的孩子找到了回家的方向，感觉步伐更快、更有力。带上资源、带上设备，绵阳市共享工程走进了收容所、戒毒所、看守所，让那里的学员在有限的地方也能享受到无限的公益文化服务，能为这些特殊人群服务，心理有种说不出的愉快；为做好共享工程对农民朋友的服务，绵阳市级中心与农村党员干部远程教育网络进行整合，把资源送到了偏远的农村，虽然山路颠簸崎岖，但看到农民朋友对知识的渴望，并运用这些知识来勤劳致富，这点苦累又算得了什么！尤其是在 5·12 地震以后，绵阳的灾民安置点无数，他们有的无家可归，有的是有家归不得，生活用水用电紧张，民众情绪烦躁，面对这种情况，共享工程绵阳市级中心带上书刊、放映设备深入到各安置点，为灾民提供免费的文化阅览和电影娱乐，对平定灾民情绪起到了很好的效果。5·12地震以后我们先后进行了 100 余场的放映服务，由于放映只能在露天，所以必须安排在晚上，虽然时间比较晚，场次比较多，可我感觉到很高兴，比起以往做一天和尚撞一天钟的生活充实了许多，特别是听到群众对我们的肯定，可以说再辛苦也是值得的。

王顺友在平凡岗位上的不平凡表现，不仅感动中国，也感动了世界。他用实际行动践行着“为人民服务不算苦，再苦再累都幸福”的人生追求，他是我学习的榜样，他让我明白了一个道理，成功并不是一定要成就大事业，就这样一个人、一匹马、一条路和一颗温暖的心，平凡的工作同样可以铸就辉煌的人生。

获奖作者　王智群

扬一多精神　做红烛传人

文化共享工程湖北省浠水县支中心　蔡应朝

闻一多：男，汉族，湖北省浠水县人，中国民主同盟盟员。

闻一多1912年考入北京清华学校，曾担任《清华周刊》总编辑及《清华学报》编辑。1919年6月作为清华学校学生代表去上海参加全国学生联合会成立大会。1922年赴美留学，先后在芝加哥美术学院、科罗拉多大学美术系学习。1923年在国内出版了诗集《红烛》。1925年回国，任北京艺术专科学校教务长。1927年应邓演达之邀，到武汉国民革命军总政治部负责艺术股工作。不久离开部队。同年秋到南京第四中山大学任外文系主任。3月参加《新月》杂志的编辑工作。同年秋到武汉大学任文学院院长兼中文系主任。1930年任青岛大学文学院院长。1932年回到北京，任清华大学中文系教授，投入中国古典文学的研究。抗日战争时期，任西南联合大学教授。1943年开始得到中共昆明地下党和民主同盟的帮助，积极投身争取民主的斗争。1944年参加中国民主同盟，并被选为云南支部委员。1945年9月任民盟中央执行委员兼《民主周刊》社社长。1946年6月下旬与民盟云南支部的委员一起举行招待会，对各界人士表明了反对内战的态度。7月15日在李公朴追悼会上发表讲演，当天被国民党特务暗杀。

六十年来，以“双百”人物为代表的英雄模范勇敢地挺起民族的脊梁、书写时代的骄傲，是爱党爱国爱人民的光辉典范，以自己的英雄模范行动铸就了一座座不朽的精神丰碑。闻一多先生被评为“双百”人物的消息传到浠水，家乡人感到无比的自豪和光荣。家住闻一多纪念馆旁，我心中敬仰之情再次被点燃。反复诵读先生的《红烛》一诗，我更是思绪难平。“红烛啊！流罢！你怎能不流呢？请将你的脂膏，不息地流向人间，培出慰藉的花儿，结成快乐的果子！红烛啊！你流一滴泪，灰一分心。灰心流泪你的果，创造光明你的因。”诗如其人，先生像一面伟大的旗帜，指引了我们前进的方向。

闻一多不仅是我国著名诗人、学者和民主战士，还是一位学贯中西、博古通今的大学问家、教育家、艺术家。他与李时珍、李四光一样，都是黄冈儿女的杰出代表，是黄冈人民的骄傲。

一代伟人毛泽东特别提到“我们应当写闻一多颂”，伟人推介名人，在中国现代史上不多。我们应当歌颂闻一多什么？我认为：第一，要歌颂闻一多的骨气；第二，要歌颂闻一多的才气。

闻一多的骨气，主要表现在他坚持真理，不屈不挠，爱恨分明，敢于献身。先生生前有一句名言：“诗人的主要天赋是爱，爱他的祖国，爱他的人民。”为了祖国和人民，他积极投身到爱国民主运动中去，成为中国知识分子的一面旗帜，受到了反动派的嫉恨。他“横眉怒对国民党的手枪，宁可倒下去，不愿屈服”，“表现了中华民族的英雄气概”，用鲜血和生命写下了壮丽诗篇。他的精神至今依然闪耀不朽的光辉。

闻一多的才气，主要表现在他追求知识，涉猎广泛，学问精深，建树卓著。他不仅是中国新诗的开拓者和泰斗级大师，而且在古代文学、古文化研究领域作出了创造性的成就，还在考据学、教育、文学、文化史、美术、音乐、戏剧、篆刻、哲学、宗教、民俗等多学科领域都有独特的研究和重要贡献，是一位杰出的艺术家、史学家、教育家和教育实践家。

闻一多先生的人生道路和学术道路非常明晰地烙下四个大字：德才兼备。德在爱国爱民，才在为国为民。他是中国知识分子的一面光辉的旗帜。

有位知名学者讲过：“闻一多是一个‘富矿’，从中可以发掘许许多多的宝藏。”闻一多精神，探究无止境，其核心在爱国爱民、为国为民。作为先生家乡的后人，学习闻一多精神我们有着得天独厚的资源优势；作为一名县级文化信息资源共享支中心的文化工作者，发扬闻一多精神我们责无旁贷、任重道远。

学习“双百”英雄模范人物、加快科学发展富民强县进程，是时代赋予我们的崇高使命。当前，我县干部群众深入贯彻落实科学发展观，大力推进项目建设，各项事业呈现出加快发展的良好形势。我们要传承闻一多的责任意识和奉献精神，牢记“服务为民”的宗旨，紧紧围绕县委、县政府提出的跨越发展目标，立足本职岗位，学习弘扬一多精神，争做红烛传人，以更大的热情投身家乡建设，力争早日把浠水建成“闻一多文化生态名城”。

做红烛传人，把共享工程建成满足群众需求的民心工程。坚持为群众服务的方向不动摇，始终坚持读者利益至上，千方百计满足群众阅读需求，努力为广大读者营造舒心的阅读环境，方便读者利用电子阅览室查阅各地的百科类、科普类、法律类知识和各类重要信息。努力将目前的群众上网查询每年5—6万人次提高到8—9万人次，信息资料下载提高到每年10条次。

做红烛传人，把共享工程建成服务文化建设的基础工程。我们将进一步发挥信息共享工程的共知、共建、共享的网络优势，采取信息收集、信息储存、信息发布等形式，服务全县科技文化建设，指导党政机关链接国家文化信息共享工程网。积极配合县委、县政府开展的送科技下乡活动，根据农民的需求，广泛下载家禽饲养、苗木、花卉栽培等相关信息，印成资料分发到农民手中。

做红烛传人，把共享工程建成群众精神生活的食粮工程。我们坚持以共享工程为载体，不断拓展服务内涵和方式，扎实开展“四个走进”（走进农村、走进社区、走进学校、走进企业）活动，提高服务精神文明建设水平。一是充分利用馆内资源开展活动。在电子阅览室每周推介优秀栏目、名家讲座、生活常识、电影及优秀地方剧目，每月开展一次共享工程利用知识培训；利用星期六上午在市民文化学校通过投影仪播放名家讲座及影视剧；利用星期天节假日针对未成年人播放百部爱国主义教育影片或科普影片；不定期举办思想道德建设方面的讲座、名著赏析等，引导未成年人多读书。二是开展服务老年人群体活动。我们根据老年人平时生活的诸多习惯特点，上文化共享工程网站下载《营养与健康》、《科学保健》、《晚年的幸福生活》等系列视频资料和战争题材的故事片、名著欣赏讲座、中国京剧音配像，及时为老年大学、敬老院等提供资源服务，使他们获得精神的强健与文化的关爱。

做红烛传人，把共享工程建成帮助群众致富的小康工程。紧紧围绕县委、县政府推进新型工业化、农业产业化、特色城镇化的工作目标，贴近中心，强化服务，尽心竭力解民难，千方百计帮民富。在帮助清泉镇东门河村养鸡户杨代胜、马振春、万道明、毕宏安等人养鸡致富，散花镇山州坪村杨浩养鱼致富的基础上，进一步强化服务功能、拓展服务内涵，努力帮助更多的群众发展产业，为促进浠水经济社会实现跨越发展不懈努力！

获奖作者　蔡应朝

弘扬“起帆”精神，开创厚街基层文化共享新局面

——学习“双百”人物包起帆事迹有感

文化共享工程广东省东莞市支中心厚街分馆
李保东

包起帆：男，汉族，浙江省镇海市人，中共党员。1951 年出生，现任上海国际港务（集团）股份有限公司副总裁。

包起帆是一名从码头工人成长起来的教授级高级工程师，长期在港口生产一线从事物流工程的研发工作。上世纪 80 年代，他结合港口生产实际，开展新型抓斗及工艺系统的研发，创造性地解决了一批关键技术难题，被誉为“抓斗大王”。进入新世纪，他又领军发明了在国际上被誉为“人类运输方式革命”的集装箱电子标签系统。他提出并在世界上首次实现了公共码头与大型钢铁企业间无缝隙物流配送新模式。2006 年 5 月，在第 95 届巴黎国际发明博览会上，他获得 4 项金奖，成为 105 年来一次获得该展会奖项最多的人。20 多年来，他与同事共同完成了 120 多项技术创新项目，其中 3 项获国家发明奖，3 项获国家科技进步奖，18 项获省部级科技进步奖，30 项获国际发明展览会金奖。2009 年 5 月，国际标准化组织正式任命他负责领导工作组编写集装箱电子标签国际标准，标志着中国航运界在领衔制定国际标准方面实现了零的突破。他是中共十四大至十七大代表，被授予全国优秀共产党员、全国劳动模范等荣誉称号，被评为全国道德模范。

从一个码头工人的小改小革，到一场改变人们运输方式的伟大革命；从仅有初中文凭的码头装卸工，到在科技发明创新方面获奖无数的国家级专家、教授级高工；从单枪匹马搞发明，到带领和培养出越来越多的创新人才……30多年的创新之路，记录了一名普通工人通过不懈创新改变人生的轨迹。他，就是闻名遐迩的“抓斗大王”，工人发明家包起帆。

30多年来，包起帆与同事们共同完成了130多项技术创新项目，其中3项获得国家发明奖，3项获得国家科技进步奖，18项获得省部级科技进步奖，30项获得日内瓦、巴黎、匹兹堡、布鲁塞尔、北京等国际发明展览会金奖。包起帆在创新的道路上从未止步。艰辛的劳动和突出的贡献，得到了国家和社会的肯定。自1981年第一次被评为上海市劳模以来，包起帆连续10次被评为市劳模，连续3次被评为全国劳动模范，还获得了“全国五一劳动奖章”、“全国十大杰出职工”、“全国优秀共产党员”等荣誉称号。2009年9月14日，他作为“100位新中国成立以来感动中国人物”之一，受到中共中央全体常委领导同志的亲切接见。

学习了包起帆的事迹后，我受益匪浅，也万分感慨。包起帆用自身的行动向我们证明：在平凡的岗位上，作为一个平凡的人，同样能够干出不平凡的事业。作为一名基层文化工作者，学习“起帆”精神，在以后的工作中，我认为应当在以下几方面着力做到：

一、学习他立足本职、追求卓越的敬业精神。包起帆从一个只有初中学历的码头工人成长为一个获得多项国际荣誉的工人发明家，这与他立足本职、追求卓越的敬业精神是密不可分的。文化共享工程是国家近几年推出的“文化惠民”工程，是社会主义公共文化服务体系的重要组成部分。基层文化共享工作条件相对艰苦，工作烦琐，加之宣传力度不够导致的群众不理解、不支持，领导不够重视，经费得不到保障等原因，使得这项工作的开展存在一定的难度。部分青年认为在基层从事文化共享工作空间太小，没有前途，社会地位得不到尊重，纷纷“跳槽”，导致基层文化共享工作出现人才难以稳定的尴尬局面。作为东莞市厚街镇的一名基层文化工作者，学习“起帆”精神，首先应该学习他立足本职、追求卓越的敬业精神，坚定在平凡的基层文化工作岗位上同样能干出不平凡业绩的信心，最大限度地发挥自身的专业特长，虚心向行业前辈学习，不断加强文化共享业务学习，提升自身业务技能，兢兢业业，克己奉公，服务为民，将党和政府的“文化温暖”送到千家万户。

二、学习他勤于思考、勇于探索的创新精神。有人说，发明、创新是科学家、工程学家们的事，与普通人无关；有人说，我只是一个普通工作岗位上的“螺丝钉”，创新离我太遥远了；有人说，兢兢业业地按规律办事就是爱岗敬业，总想打破常规，出奇制胜，风险太大；还有人说，中国工人的创新能力与发达国家相比本来就有很大差距，创新谈何容易。然而，包起帆用他30余年不懈的创新探索，将一个个的“不可能”化为现实。很多人都认为，基层文化共享工作不需要创新，只要按照上级的指示和要求来做就可以了。这其实是一种错误的观点，创新在服务群众的基层文化工作中同样是不可或缺的。厚街图书馆现有馆舍条件十分有限，2008年以前开展文化共享工作只能依托于电子阅览室进行，这就限制了老人和小孩等使用电脑困难的弱势群体享受文化共享工程服务的权益，也限制了厚街馆共享工程服务效果的提升。后经多次研究论证，在现有读者阅览区的基础上，在墙壁上设置了电视机、DVD播放机和触控一体机等文化共享专用设备，定期向群众播放在线讲座、在线展览、精品影视等文化共享经典资源，并将群众的收看情况和意见及时记录在案，坚持以群众的需求为导向建设和播放资源，受到了群众的一致好评，服务效果也得到了明显的提升。正如包起帆所说，创新并不遥远，创新就在脚下，创新属于那些热爱工作、充满工作热情的人。基层文化共享工作的服务理念、服务手段和服务内容都需要不断的创新。

三、学习他淡泊名利、团结协作的团队精神。2001年，组织上调包起帆到上海港务局担任分管技术的副局长。2003年改制后，他又担任上海国际港务集团公司副总裁。走上领导岗位后，包起帆不再是单枪匹马搞革新，而是带领广大职工一起来创新、发明，培养新时代的产业工人。30多年来，包起帆与同事们共同完成了130多项技术创新项目，其中3项获得国家发明奖，3项获得国家科技进步奖，18项获得省部级科技进步奖，30项获得日内瓦、巴黎、匹兹堡、布鲁塞尔、北京等国际发明展览会金奖。包起帆带领团队不懈创新的探索从未中断。作为一名基层文化共享工程的业务骨干，我被包起帆淡泊名利、团结协作的团队精神所深深折服。基层文化共享工作的长期性、艰巨性和复杂性需要一支稳定的、具有一定专业技能的、精诚团结的业务队伍不懈努力。团结就是生产力，团结就是战斗力。厚街图书馆（基层服务点）目前共有专职工作人员8人，业务素质参差不齐，有的老员工对计算机操作不熟练，又缺乏专业功底，在文化共享辅导读者用机、资源推介、参考咨询等日常服务工作中有些吃力，从而影响了服务效率的提升。在这种情况下，作为业务骨干，我更应学习“起帆”精神，积极帮扶业务底子薄、专业技能欠缺的老员工，引导和帮助他们熟练掌握运用计算机、多媒体、网络等先进技术和手段服务群众的技能，构建激励员工自主学习的平台和机制，建立一支团结协作的基层文化服务工作团队，做文化共享工程优秀资源的导航者和传播者，将“文化惠民”落到实处，落到群众的心坎上。

获奖作者　李保东

作为一名基层文化工作者，弘扬“起帆”精神，旨在将他立足本职、追求卓越的敬业精神，勤于思考、勇于探索的创新精神和淡泊名利、团结协作的团队精神落实在文化共享工程日常服务工作中，落实在服务群众的每一个眼神、每一个动作和每一次微笑上。将“起帆”精神转化为基层文化工作者服务群众的动力，转化为公共文化服务基层的战斗力，是我至高的心愿和今后最大的努力。我坚信，弘扬“起帆”精神，必将能开创厚街基层文化共享工作的灿烂明天！

学习“双百”感悟

文化共享工程天津市津南区支中心　侯玉婕

邢燕子：女，汉族，天津市人，中共党员。1941 年出生，1958 年参加工作，天津市北辰区人大常委会原副主任。

1958 年，17 岁的邢燕子初中毕业。她没有回到父母所在的天津市区，而是积极响应党中央号召，满怀改变家乡落后面貌、做祖国第一代有文化农民的豪情壮志，回到当时的宝坻县司家庄村，每天与乡亲们一起去插秧苗、种高粱。司家庄村是个缺少劳力的穷村，在那里，她和农民打成一片，村里劳动力少，她先是组织成立幼儿园，解放妇女劳动力，后来干脆带领女团员，组成了“燕子突击队”。很快，“燕子突击队”从 7 人扩大到了 16 人，影响带动全村妇女干了起来。冬季，她带着突击队员砸开三尺厚的冰结网打鱼，晚上打苇帘子，3 个月就给村里挣了 3600 多元钱，种下 430 亩高产麦，向荒洼要粮。她经历了艰苦生活的考验，数年如一日地忘我劳动，为农村社会主义建设事业作出了突出成绩，在我国农村经济最困难的时期成为“发奋图强，扎根农村，大办农业”的青年典型。曾先后 5 次受到毛泽东主席接见、13 次受到周恩来总理接见。她的先进事迹引起全国青年学生的强烈反响，成为影响一代人的青年标兵。她是中共九大至十三大代表，第三届全国人大代表。

“一个民族有一些关注天空的人，他们才有希望；一个民族只是关心脚下的事情，那是没有未来的。”温家宝总理在同济大学与师生座谈时曾这样说。

在中国革命、建设、改革的各个历史时期，都涌现出了无数感天动地、可歌可泣的英雄模范，他们是各个时期的先进分子，是各条战线的优秀代表，是革命、建设、改革的中坚力量。

他们用鲜血和生命，用智慧和汗水，为民族独立和人民解放、国家富强和人民幸福谱写了名垂青史、彪炳千秋的壮丽篇章。他们的先进事迹和崇高精神，代表人民群众愿望，反映社会进步主流，展现着中华民族的奋斗足迹，蕴含着时代精神的深刻内涵，是社会历史前进的生动写照。

他们是民族的脊梁，是时代的先锋，是祖国的骄傲，党和人民将永远铭记，人民共和国将永远铭记，历史将永远铭记。任何时代、任何历史时期，国家的富强、民族的进步、人民的幸福，都需要一大批先进人物勇敢地担当起时代赋予的重任，成为群众的榜样、社会的楷模、时代的先锋、民族的脊梁。

当今中国正处于伟大变革的时代，迫切需要涌现出一大批勇于承担历史使命、为祖国和人民奉献一切的先进人物。

中央宣传部等11个部门联合组织开展评选“100位为新中国成立作出突出贡献的英雄模范人物和100位新中国成立以来感动中国人物”活动。

时下，各行各业正在掀起学习“双百”人物的热潮。那么，我们该向“双百”人物学习什么呢？在“双百”人物中我们可以看到，从留下“可爱的中国”动人篇章的方志敏到“狼牙山五壮士”，从“生的伟大、死的光荣”的刘胡兰到“舍身炸碉堡”的董存瑞，从共产主义战士雷锋到“拼命也要拿下大油田”的铁人王进喜，从“县委书记的榜样”焦裕禄到新时期领导干部的优秀代表郑培民……

这一串串闪光的名字，虽然年代不同，事迹也不一样，但其精神实质都是一致的，即：坚定的理想信念和崇高的人生境界。而我们要学的，就是他们这样的理想信念和人生境界，学习他们为祖国、为人民无私奉献、敢于牺牲的伟大品德。

近些天，在单位，同事们在热议着“双百”人物的事迹；回到家，爸爸提起“双百”，也有无限的感慨，滔滔不绝地向我讲述他所知道的英模事迹。我按捺不住激动的心情，找到了本月20日的《人民日报》刊载的“双百”候选人的版面，寻觅着我们宝坻老乡的身影……

“燕子突击队”队长邢燕子、“伐木能手”马永顺……当这些既熟悉又陌生的名字在眼前闪过，一种自豪、宝坻人的自豪油然而生……

其实，不仅是邢燕子、马永顺，还有我们天津这次“双百”候选人陈树棠、孔祥瑞、华益慰、杨连第、侯宝林及全国评选的300名和更多更多没有列入其中的前辈们，他们在新中国的史册上都有浓墨重彩的一笔。我想，作为年轻一代，除了为老一辈英模人物自豪之外，还应该在他们身上读出一些什么。前辈们把自己的命运和祖国的前途紧紧连在一起，为了新中国的解放和建设事业贡献自己的全部，甚至是宝贵的生命，他们这种爱国主义情怀和舍生忘死的奋斗精神，永远值得我们学习，作为80后的我们，不仅要传承和发扬老一辈的光荣传统，更要续写新的篇章。锲而不舍，无私奉献，奋发进取，让人生无悔。

当然我们进行“双百”人物感人事迹的学习最关键的还是要做到理论联系实际，把“双百”人物的崇高精神应用到实际工作中，在图书馆电子阅览室将文化信息资源共享工程放到每一台微机的桌面，读者可随时点击进入。指导帮助社区利用好共享工程的信息资源，促进了学习型社区工作的开展。对基层共享工程服务点进行有效的管理和辅导、培训，使其掌握资源更新和运用；为共享工程基层点进行了共享工程服务器软件升级；帮助建设9个共享工程乡镇分中心，23个村级分中心，累计共享工程服务点总数达到32个。充分发挥公共图书馆的阵地作用，在电子阅览室每周推介优秀栏目、名家讲座、生活常识、电影及优秀地方剧目，每月开展一次共享工程利用知识培训。我区正在进行城市化改造，农民、社区居民对待现代科技信息和文化的需要迅速增加。结合这一现状，我馆深入调查，根据农民的需求，下载家禽饲养、苗木、花卉栽培等相关信息达8万多字，并印成资料分发到村民手中。“送科技下乡”是实施共享工程又一具体举措，结合城区的实际情况，我们有选择地提供科技知识，让广大农民不断感受到先进科学和现代文明。在以后的工作中，我们将以“双百”人物的精神作为标尺，更加努力地探索利用共享工程服务的新路子，更好地发挥共享工程的作用，为把共享工程办成惠民工程、民心工程而不懈努力。

“双百”人物是民族的脊梁、时代的先锋、祖国的骄傲。我们学习他们，就是要颂扬英雄模范的先进事迹，弘扬英雄模范的崇高精神，激发爱国精神，振奋民族精神，把英雄模范的崇高精神转化为推动实际工作的强大动力。要以他们为榜样，以他们的崇高理念指导我们的一言一行，为国家走向富裕、文明做出一份贡献。

我们要像“双百”人物那样，坚定理想信念，把个人的抱负同全民族的共同理想统一起来，在推动民族振兴的进程中实现自身价值；要像“双百”人物那样，爱岗敬业、刻苦钻研，在平凡的岗位上创造不平凡的业绩；要像“双百”人物那样，争做创新创业的先锋，为提高自主创新能力、建设创新型国家贡献聪明才智；要像“双百”人物那样，牢固树立正确的世界观、人生观、价值观，培养高尚情操，提升人生境界，做社会主义荣辱观的积极践行者。

我们相信，在“双百”人物崇高精神的引领下，在建设社会主义现代化国家的征程中，必将涌现出更多为中华民族伟大复兴而忘我奋斗的英雄模范人物，涌现出更多感动中国的人物，使我们这个时代成为英雄辈出的时代，使我们民族的脊梁更加强壮。

英雄模范和感动中国人物对人生价值的选择，让今天的人们反思自己的人生。在物质丰富、价值多元的今天，人们更需要精神家园的充实与丰盈。只有将个人价值融入时代与社会，将个人追求融入国家与民族，走出狭隘的小我，人生才会更有意义。

获奖作者　侯玉婕

巾帼英雄，侠骨柔肠

——读“双百”女杰事迹有感

文化共享工程上海市分中心　秦雅敏

八女投江：1938 年 10 月，以冷云为代表的东北抗日联军 8 名女战士，在顽强抗击日本侵略军的战斗中弹尽援绝，毅然投入滚滚江水，为国捐躯。她们是东北抗日联军第 2 路军第 5 军妇女团的指导员冷云，班长胡秀芝、杨贵珍，战士郭桂琴、黄桂清、王惠民、李凤善和被服厂厂长安顺福。

冷云，1915 年生，黑龙江省桦川县人，1934 年加入中国共产党，在佳木斯从事秘密抗日活动。1936 年冷云参加东北抗联第 5 军。1938 年夏，与冷云同在第 5 军的丈夫英勇牺牲，她强忍巨大悲痛，告别刚刚出生两个月的婴儿，随第 5 军第 1 师部队西征，任妇女团政治指导员。西征中妇女团的战士们和男战士一样跋山涉水，英勇作战。7 月 12 日参加攻打楼山镇战斗。10 月上旬，该部在牡丹江地区乌斯浑河渡口与日伪军千余人遭遇，已行至河边准备渡河的妇女团 8 名女战士，为掩护大部队突围，毅然放弃渡河，在冷云的率领下，分为 3 个战斗小组，主动吸引日伪军火力，与敌人展开激战。在背水作战至弹尽援绝、被敌人困死在河边的情况下，面对日伪军逼降，誓死不屈。她们毁掉枪支，挽臂投入滚滚的乌斯浑河，壮烈殉国，表现了中华民族同敌人血战到底的英雄气概。

常言，女子如花。

斗雪欺霜，清高孤傲，便是一个“傲”字，如梅。

灼灼其华，明媚娇丽，便是一个“艳”字，如桃。

素淡脱俗，纤尘不染，便是一个“灵”字，如莲。

雅致婀娜，芳香沁人，便是一个“幽”字，如兰。

萌芽于山河动荡之际，植根于猎猎红旗之下，浇灌的是豪情万丈、心尖热血，面对的是风刀霜剑、千难万险——

如此女杰，又岂是一个“傲”字，一个“艳”字，一个“灵”字，一个“幽”字便可言尽？

天下兴亡，匹夫有责。

不同于男子，他们是国家的脊梁，巍峨雄奇，不动如山，正如那撑起红旗的横杆，刚强而正直。女子是那民族的血脉，连绵不绝，川流不息，一如那飘舞的旗帜，坚韧而柔软。

两者齐头并进，奋斗不息，最终浓缩为刚柔并济、铁骨铮铮的“中华儿女”俯仰无愧、顶天立地的四个方正大字。

我们何其有幸，这不是个国将不国，家不成家的年代，不是一个暮气沉沉、风雨飘摇的年代。有些存在，是不会随岁月的流逝而淡出的。亦如这自远古洪荒穿越了无数纪冰川后，静静沉默的如画江山——

由无数先烈那永不弯曲的脊梁，宁死也不退半步的铁骨，滚烫赤诚的热血，为祖国撑起的明媚自主的天空，为后代浇铸的崭新自由的未来。

“双百”人物是民族的英雄、时代的先锋，他们以满腔热血润泽渗透了九州大陆枯竭的根须，枯木逢春，百废俱兴，熬过了严酷艰难的寒冬，中国不再是棵一吹就倒的老树，漫长的积蓄酝酿，令她勃发出旺盛的生命力，如燎原之火在世界的舞台上次第开放，姹紫嫣红。

而那34位不让须眉的巾帼英雄更是用钢铁意志、赤诚之心谱写出了感动中国、绵延时代的壮丽篇章，用绚丽的青春照亮了新中国的半边蓝天，倾尽所有诠释了震撼人心的“侠骨柔肠”！

至刚至强、慷慨赴死的刘胡兰，铸造了“生的伟大，死的光荣”的丰碑；

坚贞不屈，大义凛然地对敌人呵斥“砍头只像风吹过！”的杨开慧，牺牲之时年仅29岁；

“毒刑拷打，那是太小的考验。竹签子是竹子做的，共产党员的意志是钢铁！”江姐这掷地有声、铿锵有力的话语，震撼的不仅是残暴的敌人，更是新中国千千万万颗心！

视死如归、从容赴义的赵一曼女士，烙在我们心尖的不只是她作为共产党人的坚毅决然，更有她作为母亲的柔情似水，而正是这样深爱着孩子的她，毫不犹豫地选择了抗战的道路，义无反顾！

此外“八女投江”、贺英、李林等女中豪杰的英勇事迹也是人们耳熟能详的。陈列在我们面前的，没有百花争艳的烂漫、没有莺歌燕舞的绚丽、没有山温水软的柔婉——

只有时刻准备着为共产主义事业而奋斗牺牲、勇往直前的赤诚之心！她们在最绚烂的年华绽放燃烧最靓丽的青春，用满腔的热血勾勒出风骨刚凝的横竖撇捺点，永垂青史！

我不由忆起俄国作家艾特马托夫的名言：“你短暂的一生就像闪电，亮了一下，就熄灭了。但闪电是能照亮天空的。而天空是永恒的。”

这，不正是我们可爱的巾帼英雄们最贴切的写照吗？

守业更比创业难，迎来了新中国新时代，脚下的路依然崎岖难行、荆棘坎坷，而甫绽放的青涩花朵，顶住了风雨的恣肆，烈日的浩劫，苦难的洗礼，洒遍了坚韧的泪雨，浸透了奋斗的血汗，最终迎来了柳暗花明，坎坷过后的雨过天晴——

中国女排完美地诠释了顽强拼搏、团结奋斗、无私奉献、为国争光的中华体育精神，那一次次升起在世界人民眼前的五星红旗，那一遍遍响彻全球的庄严国歌，让无数中华儿女热血沸腾、泪流满面。“团结起来，振兴中华”的口号响彻神州大地！

任长霞，集刑警的威严和女性的温柔于一身，“严警风、强素质、树形象”的治警方针和雷厉风行的实干作风，令公安干警面貌焕然一新。关心群众疾苦，竭力为群众解难，她带头倡导开展“百名民警救助百名贫困学生活动”，使100多名孩子重返校园，感人肺腑。因公殉职的她用年轻的生命诠释了新时代女性的风骨，成为了时代鲜明的榜样！

身残志坚，自强不息的邰丽华，以独特方式创造艺术，那感动国人、震撼世界的《千手观音》，以艺术与心灵双重之美征服了所有观众！她被誉为“美与人性的使者”，被世界残疾人代表大会称为“全球六亿残疾人的形象大使”，被联合国机构指定为“联合国教科文组织和平艺术家”，名至实归，当之无愧！

爱岗敬业、忠于职守的叶欣，在一个平凡的岗位上造就了不平凡的辉煌。在非典型肺炎医疗卫生战线的最前方，她总是抛却个人安危，冲锋在前，一次次把危重病人从死亡线上拉了回来，直到自己倒下！这位英年早逝的新时代南丁格尔，英魂永驻！

感动中国的“双百”人物中还有张海迪、文花枝、常香玉、王瑛等等家喻户晓的名字，而除了她们，在面向社会乃至世界的大舞台上，遍处可寻轻盈如水、英挺秀丽的身影。

有的在自己的岗位上数十年如一日，严于律己，兢兢业业；

有的在大街小巷募集着善款，尽心尽力无怨无悔为贫困人士奔波；

有的在养老院表演着精彩节目，日复一日对孤寡老人嘘寒问暖；

有的在无偿献血车上，默默无闻地替社会尽上一份绵薄之力；

有的在奥运世博等等志愿活动中，踊跃参与挥汗如雨无私奉献；

不是不累的，这样的付出有苦有涩——是似火骄阳下的口干舌燥，是挺立如松下的背痛腰酸，是整齐划一的汗流浃背，是日夜奔忙的精疲力竭。

那苦涩，落在身上，淌在心里，柔韧的她们一声声闷哼却只压在喉上，封在嘴里，止于舌尖。

她们的花样年华，像一杯雾气蒸腾的绿茶，要慢慢啜，细细品。唇齿间留下的痕迹，是入口的微涩和入喉的清香，缭绕不绝。

以无可挑剔的雷厉风行，担当起一生一代人的责任，回馈殷殷企盼，拳拳而望的父母，师长，先辈，祖国……

张张青春的容颜，秋水不惊，严阵以待，让一切都来吧，即使前方是龙潭虎穴，千难万险，也无法令她们裹足不前！无关其他，只因那如玉如英的年轻下，是新中国新时代接班人的拳拳赤诚之心。

猎猎的红旗，金色的徽章——轻若鸿毛，重于千钧的象征，是所有中华儿女的骄傲和责任！

作为图书馆工作者，我们的工作就是充分发挥文化服务窗口的影响力和辐射力，不断深化文化内涵，树立起品牌效应，形成面向不同层次读者需求新阵地。学校和图书馆本就是社会教育的左膀右臂，学校注重的是系统的知识教育，而图书馆为人们提供可以选择的自我教育场所，是终身教育的知识大课堂。充分发挥了公益性机构的社会教育职能，向社会各界传播推广文化，服务大众是我们的本职工作。

在这次学习“双百”人物的活动中，第一时间贯彻党中央的指示精神，我馆各类活动层出不穷。在收到国家中心录制的“双百”人物先进事迹精选光盘后，我们结合了文化共享工程，组织了特别专题宣传教育活动，并举办了相关展览、有奖问答、征文征集、影片播放，反响极其热烈。适合广大读者和儿童们阅读的“双百”人物相关电子图书，通过文化共享网络广泛传播，令许多读者有了进一步接触了解“双百”人物的捷径，受益匪浅。文化共享工程拥有得天独厚的传播优势，在我们的努力下，将信息资源通过网络深入推广，成就了爱国主义教育的平台，真正做到了文化你我他，共享千万家！

随着社会的发展，读者的需求自然水涨船高，相信有一天甚至会以商业服务的标准来看待我们的服务水平、评价图书馆的信息服务工作。所谓“羊羹虽美，众口难调”，服务行业要的却正是众口一词的好，我们的未来还任重而道远。

奥林匹克有着脍炙人口的理念——更高、更快、更强。生活亦是如此，横竿永远是加高、加高、再加高；奔跑永远是加速、加速、再加速；无论前方是直道抑或弯道，作为新时代的新鲜的血液，我们会尽己所能为图书馆注入新的活力，从自己的岗位着手，贯彻和不断更新我们的工作理念，让读者们无论是十岁二十岁三十岁甚至到八

获奖作者　秦雅敏

十岁，图书馆依旧是他们坚实的良友，第一的选择。

作为一名女性图书馆员，在其位，谋其职，致力于尽早将中国建设成学习型社会——

我，会奋斗不息。

无论前人在那鲜红的旗帜上挥洒了怎样的辉煌——

毕竟，俱往矣。数风流人物，还看今朝。

向“双百”人物致敬

文化共享工程山西省昔阳县支中心　王长英

一

在共和国的六十诞辰，
亿万人民投票，
选出了“双百”人物模范英雄。
每一票都浸泡着敬仰与感动。
英雄不朽的业绩，
从纪念碑上走进我的灵魂；
模范的事例，
感动召唤着人们……

我的脉搏海潮般激荡，
我的热血岩浆般涌动。
禁不住内心无限的崇敬，
向“双百”人物深深地致敬。

群星般璨灿的英雄先烈的名字，

恒久地闪烁在蓝天碧空。
我虽然出生在红旗下，
可怎么会忘了你们？
因为共和国旗帜上洒有你们的鲜血，
九百六十万平方公里的土地上，
留下了你们前赴后继的脚印。
新中国的巍峨大厦，
书写着你们大爱与忠诚。

在风雨如磐的年代，
祖国在列强的铁蹄下呻吟；
人民在“三座大山”的压榨下悲鸣。
是你们高擎着战斗的火炬，
前赴后继，昂首挺胸。
用血肉筑起新的长城：
从沐浴疆场的炮火硝烟，
到短兵相接的刀光剑影。
从白色恐怖里的地下战线，
到反法西斯的红色阵营。
从晦暗夜幕下的暴动起义，
到争取民主权利的学生运动。
从刑场的英勇就义，
到怒目铁窗酷刑的残忍……
信念已注入你们的血肉之躯，
熔铸出钢筋铁骨般的坚硬！
为争取祖国人民的自由与解放，
抗击着无边的内外血腥！
点燃你们胸中万丈雷霆，

劈开那重重黑雾与浓云……
从聆听攻打彼得格勒冬宫的炮声，
到“五四”反帝反封建运动。
从大革命的烽火熊熊，
到抗击日寇铁流滚滚。
从瑞金苏区根据地，
到陕北延安的万里长征。
从百万雄师过大江，
到毛泽东在天安门那响彻寰宇的声音！
这段长长洒满鲜血的路程，
承载着你们对祖国人民的忠诚。
泱泱华夏历史史册，
因了你们而格外生辉、厚重。
在熠熠闪烁的名单中，
就有毛泽东一家六口亲人……
雄伟的人民英雄纪念碑基座，
由你们的功勋业绩砌垒而成。
共和国的基石由你们夯定……
五星红旗用你们的滚烫的鲜血染就，
才那么鲜红、鲜红……

英雄的前辈啊，
看着你们星光般璀璨般的名字，
我又怎么能无动于衷？
没有爱国的行动，
哪还算得上一个中国人！

二

共和国的诞生，
红旗从先辈那里，
传递到新中国建设者手中。
感动中国的百名模范英雄，
同样群星般闪烁在祖国的天空。
你们奋战在各条战线，
在平凡中成就了非凡与感动。
用辛勤的劳动与创造，
续写着对祖国的忠诚：
你们伏身为人民当牛马，
默默奉献，躬身耕耘。
你们用心血与汗水，
描绘着共和国的青春，
改变着千年累积的锈蚀与贫穷。
谱写着壮丽璀璨的人生！
不舍危难困苦，
何辞劳累艰辛！
六十年的征程，
铭记着你们报国爱民的赤诚：
一次次的坎坷挫折，
一层层的浓雾阴云，
一回回的疾风惊涛，
一次次的严霜寒冬，
撼不动你们对祖国人民的大爱，
冲不破你们坚韧顽强的决心。

隔不断你们与母亲血脉相连，
挡不住你们对祖国的汪洋深情。
用辛勤，用汗水
用智慧，用忠贞
用品格，用胆识
用热血，用生命……
引领、刷新着祖国的道德航程。
成就着平凡又伟大的业绩，
感动天地泣鬼神！
在改革的开放的征途中
披荆斩棘，勇往直前，
扬帆远征，破浪前行。
让人民生活和谐富庶，
让祖国江山秀美强盛，
昂首挺胸于世界民族之林！
你们就是共和国旗帜每一缕经纬呀，
总是那么鲜红鲜红……

双百人物呀，洗涤着我的灵魂。
看着你们，我信心倍增。
作为一名全国“共享工程”的工作人员，
更想到了肩头的责任：
要继续让千百万读者，
共享“双百”人物的精神营养，
化为日积月累的爱国行动。
从点点滴滴做起，
在改革的路上分秒必争……
无论我在做什么，

都忘不了你们星光般明亮的姓名。
无论我走到哪里，
都会看到你们那一双双期待的眼睛。

双百人物啊，让我的脉搏海潮般激荡，
双百英雄啊，使我的热血岩浆般涌动！
禁不住内心无限的敬仰，
向你们深深地致敬！

获奖作者　王长英

脊梁不倒　精神永存

——学习“双百”人物有感

文化共享工程湖北省孝感支中心　任强

方志敏：男，汉族，江西省弋阳县人，中共党员。

方志敏1922年8月加入中国社会主义青年团。1924年3月转入中国共产党。中共第六届中央委员。1928年1月，参与领导弋横起义，创建赣东北苏区，领导组建中国工农红军第10军。先后任赣东北省、闽浙赣省苏维埃政府主席，红10军政治委员，中共闽浙赣省委书记。他把马克思主义普遍真理与赣东北实际相结合，创造了一整套建党、建军和建立红色政权的经验，毛泽东称之为“方志敏式”的根据地。1934年11月初，任红10军团军政委员会主席，奉命率红军北上抗日先遣队北上，在皖南遭国民党军重兵围追堵截，艰苦奋战两月余，终因寡不敌众，于1935年1月29日被俘。被俘时，国民党士兵搜遍他全身，除一块怀表和一支钢笔外，没有一文钱。在狱中，面对敌人的严刑和诱降，他正气凛然，坚贞不屈。在极端艰苦的条件下，写下了《可爱的中国》、《清贫》等著名文稿。“清贫，洁白朴素的生活，正是我们革命者能够战胜许多困难的地方!”“敌人只能砍下我们的头颅，决不能动摇我们的信仰!”等激动人心、感人肺腑的语言，给我们留下了宝贵的精神财富。1935年8月6日，在江西南昌英勇就义。

敌人只能砍下我们的头颅，决不能动摇我们的信仰！因为我们信仰的主义，乃是宇宙的真理！为着共产主义牺牲，为着苏维埃流血，那是我们十分情愿的啊！——方志敏

有贼无我，有我无贼。非我杀贼，即贼杀我。半壁河山，业经改色。是好男儿，舍身报国！——吉鸿昌

每一个党员干部，都应当与人民同甘苦、共命运。——孔繁森

如果需要为共产主义的理想而牺牲，我们每一个人都应该，也可以做到—脸不变色、心不跳。——欧阳海

……

……

太多太多，一张张鲜活的面容、一个个不屈的灵魂，仿佛就在我的眼前，是他们用铮铮铁骨撑起了中华民族的脊梁，传承了不朽的精神。赞扬的话无须太多，心中的敬仰化作默默的怀念与勉励。

“双百”人物是一个引子，他们汇聚着近现代最具代表性的中华人物，激励着活着的人们，但我们同时不能忘记的还有所有代表中华脊梁和精神的千万个无名英雄。和平年代的中国，不需要我们抛头颅、洒热血，不需要我们时刻准备着顶惊牛、跳冰窟，惟有用激昂的青春点亮事业的激情，活出精彩的人生的——依然是今天的英雄，人生的勇者。

如今的中国，国力日益强盛，在世界的影响与日俱增，中华民族的文化价值观逐渐影响全世界，老百姓生活也越来越富足，民主、开放的意识更是空前提高。然而不可忽视的是，现阶段面临的问题也越来越多，繁荣表面下也有暗流涌动，尤其道德水准有一定程度下降，人们的信仰、精神面临真空，这是祖国发展进程中的不和谐音，是祖国强盛过程中必然产生的副产品。但我们不能逃避，更不能姑息，要从我做起，从现在做起，向一切影响祖国发展的东西开炮，时刻铭记着英雄们的事迹，重塑中华不倒的脊梁、不朽的精神。党和政府号召人们学习“双百”，恰逢其时，意义深远。

精神关乎信念和信仰，有着崇高的信仰、坚定的信念，其精神必然永存。它与轰轰烈烈、名垂青史无关，也许更平凡处才现精神，更寂寞中方显伟大。在当今重建道德秩序的时代，传播纯正而高洁的精神，意义非凡。我为默默奉献于文化事业而骄傲。身处图书馆这一人类精神文明传播平台，我们有着得天独厚的优势，我们仿佛圣洁的布道者，将中华民族的精神向社会播撒，向世界传扬。全国文化信息共享工程为我们打开了一扇门，通过这扇门，我们叩开了中华文明的大殿，我们被赋予神圣的使命，我们用中华民族的伟岸脊梁，用中华民族的不败精神去升华自我，感染世人。

当此举国学习“双百”人物之际，我时常在想一个问题：学习之风易去，他们的精神永存，不论我们学习的热潮是否还在，议论的热点是否冷却，英雄们的脊梁又何曾倒下去过，只不过，他们被我们从注意力里移开了，变成了沉默而挺拔的存在。现时，我们的目光正在炽热地寻找他们，他们才以异乎寻常的高度迅速出现在我们的视野。伟大的英雄们！永远善意地回应着人们的精神需求，尤其是这群善忘的人们。他们不需要我们高昂的颂歌，不需要我们崇拜的眼神，可能仅须的是在平时一点点的小事上，我们选择了善良，选择了宽容，选择了正义，选择了诚实。我想，这才是学习“双百”人物真正的内涵吧！

记得小时候，父母经常给我讲的一句话是：养育之恩大于天，父母不需要你如何如何地报答，幼儿的时候听父母的话，学生时代好好读书，成年后用心做事便是对父母最好的报答。现在我们也经常讲，我们的成长离不开家庭、离不开社会，甚而离不开已逝的英雄们，可我拿什么去报答他们呢？其实答案很简单：哪怕在一个最平凡的岗位从事着最平凡的职业，用心做事、努力做人其实就是对社会、对家人、对逝去英雄最好的报答。

由此我联想到我平凡而渺小的工作中来，这份工作是那么的平凡，可是共享工程赋予了它一丝亮色，我们从学习“双百”人物中看到价值，从平凡中看到崇高，我们激动地在平凡的岗位、平凡的工作中实现着人生的价值，不再有怨言、不再有犹豫。还记得全国文化共享工程落户孝感是2004年，至今已5年时间，5年的时间里，孝感图书馆人利用这一平台默默付出、无私奉献，将其建设成为孝感地区颇有特色的精神文明传播平台，正是对“双百”

精神的极好诠释和传承。也许我们并没有做出什么轰轰烈烈的大事，没有干出惊天动地的伟业，但我们把平凡的工作做得再细致一点，再完善一点，为全国的文化信息共享事业增添那么一许亮色，我们的付出、我们的辛苦也是值得的。孝感市图书馆硬件条件不好，人员配备也不完整，我们克服很多困难，创造条件、提升素质，使孝感支中心这一基层点顺利建成，其中辛苦现在想来不免唏嘘。它产生的社会效应是无价的，对孝感的精神文明建设的作用是无法衡量的。如今，我们要借学习“双百”之机，将中华脊梁、民族精神继续传扬、永远铭刻。以后的工作中，我们也许依旧平凡，也许仍然默默无闻，但我们还要继续提升共享工程影响力，增添更多有特色的服务，更好地宣传和播撒中华文明的火种，使它燃烧在鄂中，同各地的火种同时发力，便可燎遍整个神州大地。

我相信，正因为有千千万万个平凡而伟大、渺小而崇高的人们，我们的祖国：脊梁不倒，精神永存，英雄足慰！

获奖作者　任强

永不言弃

文化共享工程安徽省太湖支中心　王晓霞

草原英雄小姐妹：姐姐龙梅，女，蒙古族，辽宁省阜新县人，中共党员，1952 年出生，现任内蒙古自治区包头市东河区政协主席；妹妹玉荣，女，蒙古族，辽宁省阜新县人，中共党员，1955 年出生，现任内蒙古自治区政协办公厅副主任、民族和宗教委员会主任。

1964 年 2 月 9 日，龙梅（12 岁）玉荣（9 岁）姐妹俩替父亲出去放牧集体的羊群，因遭遇突袭的暴风雪，羊群顺风乱窜，姐妹两人无法拢住羊群，在这紧急的时刻龙梅对妹妹说："快去叫阿爸帮咱们拦羊。"小玉荣听了姐姐的话，掉转头顶着风雪拼命地跑，但当她发现姐姐一个人在暴风雪中的时候，没有自己这个帮手，羊群越发乱了。小玉荣顾不得再去叫阿爸，立即返回羊群，与姐姐拼命追赶羊群，努力不让一只羊丢失。从当天中午到第二天天亮，她们与暴风雪搏斗了 20 多个小时，年幼的妹妹筋疲力尽，昏倒在雪地里，姐姐继续追赶着羊群，集体的羊群最终安然无恙，姐妹俩却被严重冻伤。经过干部群众的大力营救，英雄小姐妹才双双脱离生命危险。但由于冻伤严重，龙梅失去了左脚拇趾，玉荣右腿膝关节以下和左腿踝关节以下做了截肢手术。草原英雄小姐妹是第四、五届全国人大代表，龙梅还是中共十大代表，玉荣被评为全国自强模范。

儿子刚学琴时，坚持不了半个小时，就按自己的一套乱拉，我没有及时按老师的要求纠正他，只是给他讲了一个故事：

四十多年前，一对草原小姐妹，为队里放牧羊群，一场暴风雪突然来临，气温立刻降到零下 37 摄氏度，受惊的羊群，顺着西北风乱跑，为了保护队里的羊群，小姐妹在暴风雪里跋涉数十公里，第二天天亮后，才被人发现送往医院。她们的生命保住了，但由于冻伤严重，姐姐失去了左脚拇指；妹妹右腿膝关节以下和左腿踝关节以下做了截肢手术，造成终身残疾。而她们当时放牧的三百多只羊，只有三只被冻死，其余都安然无恙。

其实，当时这对小姐妹完全可以放弃，回到队里去找她们的爸爸妈妈来帮忙。只是这样一来，羊群就会被暴风雪吞没冻死。她们毅然选择了与暴风雪搏斗，誓死不退却，不能丢掉一只羊，不损失集体的财产，正是这个信念支撑了她们，给了她们勇气和力量。

这就是“草原英雄小姐妹”龙梅和玉荣的故事。这对小姐妹身上体现了一种迎难而上的精神和品格。她们做好了一件事，就成为了英雄，儿子一脸羡慕。是啊，其实英雄就在我们平凡人之中，我们每个人身上都有这种品质，只是没有很好地把握，让机会擦肩而过。

我们都是平凡人，处在和平年代，不可能时时刻刻都有惊天动地的大事发生，把我们打造成一名英雄人物，但只要我们在日常生活中，注入满腔热情，把自己该做的事情做好，一样活得精彩。做一行，爱一行。做好一件事，贵在坚持。只要是自己负责的事情，就要尽力做得最好。对现有的工作注入一腔热情，多一分耐心，少一分抱怨，去充实自己的每一天，收获其中的快乐。

在图书馆工作十多年来，我的工作基本没有多大变化，一直从事采编工作。采编从手工操作到计算机，虽然发生了很大的变化，但工作流程没有变多少。我们的工作每天都是前一天的复制，换了别人，早已对这份工作产生了厌倦，失去了热情。我却能从书本中吸取养分，提升自己。这份坚持，也是一个积累过程，既为工作添色，又有促进作用。比如为“农家书屋”的培训、为县支中心文化共享工程有关工作报道等，都离不开平时的读书学习。

一个县级图书馆，多年的体制，往往是哪里有事，大家一起上、帮着干。有时在流通部门代班，读者有什么问题，我都能及时帮忙。记得有一次，流通组一个同事临时有事叫我代班。一名读者来借书，他找不到自己要看的书，我连忙为他找书。正在这时，同事回来了，她问了我一句：“那人是你的朋友?”我笑笑：每一个读者都是我的朋友。无论在哪个岗位，只要我能做的事，我一定努力做好。其实为读者找书，对我们来说是举手之劳。当看到读者满意的笑容，自己的心情也一样好。平凡的工作中，这种人性化的服务，温暖读者，也快乐自己，更为平凡的工作添了一份坚持的信念。

年复一年的采编工作，很少与外界接触，许多读者见到我都以为是新来的。这份工作是寂寞的，重复的，注定要一辈子默默无闻，我却一干就是十多年。寂寞中更多的是坚持，是对这份工作的热爱和珍惜。能活出自我，快乐地工作着，这就是最大的动力。

工作上如此，生活上也不例外。

刚结婚时，由于债务太重，先生辞去银行的工作，去了南方，家里的一切都撂给了我。我除了工作，就是陪孩子。一下班，接孩子做饭、辅导功课，一大堆事情忙得不亦乐乎。好不容易孩子睡着了，我已是筋疲力尽，头一碰到枕头就睡着了。这日子累点却很充实。

孩子一天天在长大，我也由一个什么都不懂的年轻妈妈成长为一名还算称职的母亲。孩子小时候，病痛是常有的事，有时晚上发烧，还得摸黑去医院，我总是冷静地做着这些。因为我知道，我的电话打破，先生也不会从千里之外飞回来。想想，先生在那头，肯定是焦急万分，他的工作也需要我的支持。这些事我能做好，就不去依赖。

自己身体不舒服时，依然要照顾孩子的生活。只要能动，我就能处理好身边的每一件事。再艰难的事，咬咬牙，挺一挺就过去了。从心态到思想，生活已把我打磨得日益成熟，这是一笔用金钱买不到的财富。

有时，我把自己的经历讲给孩子听，他会冒出一句："妈妈真可怜。"他现在的生活优越，是无法体会我们当时的处境的。他虽然这么说，却是一个非常善良、有爱心的孩子。平时带着他去买菜，看到有残疾人讨钱求生活，他会把自己攒的硬币送给他们；有时带他去超市买东西，他出门时如果后面有人，就一直把门推着，让那些人先出来。他这样做肯定觉得自己很了不起。我想，平时给儿子讲的一些激励故事已起到了潜移默化的作用，他与我一样对生活充满着热情。

每年暑假一到，我都会带儿子去爬山。最让我感动的一次是爬福建的清源山。那个暑假，我们一家三口还有先生的朋友，一起去爬清源山。正是炎夏，人稍微动一下，就一身大汗，一起来玩的人就有好几个中途退出。儿子却一路领先，最先到达山顶。小小年纪，他能坚持下来！我和先生都感到很欣慰。我们也相信，儿子这份毅力会用到学习和工作中去，坚强地面对身边的一切，遇到困难不逃避，不轻言放弃，就像这对草原小姐妹一样勇敢。

我们小时候，由于条件的限制，根本不知道“草原英雄小姐妹”的事迹。感谢这次“双百”活动为我们提供了这样一个非常好的机会，让我和孩子共同学习。对照自己的生活和工作，让“草原英雄小姐妹”精神代代相传，激励我们更好地工作、学习。我们要继承这种迎难而上、不怕困难、热爱生活的优良传统，在生活、学习中多一份坚持，活出自己的精彩。现在，我的孩子练琴时，很少要我督促，“草原英雄小姐妹”的事迹已化着涓涓细流，滋润着他的心灵世界，伴他成长。

获奖作者　王晓霞

学习英雄人物
争做民族脊梁

——读全国“双百”人物事迹评选活动有感

文化共享工程湖南省分中心　王隽

袁隆平：男，汉族，江西省德安县人，无党派人士。1930年出生，现任国家杂交水稻工程技术中心暨湖南杂交水稻研究中心主任，湖南省政协副主席。著名农业科学家。

袁隆平是杂交水稻研究领域的开创者和带头人。从1964年开始，他40多年如一日，全身心致力于杂交水稻的研究，先后成功研发出“三系法”杂交水稻，“两系法”杂交水稻，超级杂交稻一期、二期，使水稻产量从平均亩产300公斤左右先后提高到500公斤、700公斤、800公斤。现在，他领导研究的超级杂交稻项目正朝着亩产900公斤的第三期目标顺利推进。与此同时，袁隆平提出并实施“种三产四丰产工程”，运用超级杂交稻的技术成果，用3亩地产出4亩地粮食，大幅度提高现有水稻单产和总产。20多年来，我国累计推广种植杂交稻56亿多亩，每年增产的稻谷可以养活7000多万人口，相当于全世界每年新出生人口的总和。杂交水稻还被推广到30多个国家和地区，种植面积达3000多万亩，他因此被海内外誉为“杂交水稻之父”。他是中国工程院院士，被授予全国劳动模范等荣誉称号，被评为全国道德模范，荣获国家特等发明奖、国家最高科学技术奖和联合国教科文组织科学奖、联合国粮农组织“粮食安全保障奖”等。

时下，各行各业正在掀起学习“双百”人物的热潮，我们文化行业也不例外。为积极响应学习宣传“双百”人物的有关精神，我们文化共享工程湖南省级分中心也于近期开展了“双百”人物评选集中投票活动。这一活动，不仅增强了我们这些文化共享工程建设者的使命感和责任感，同时也为在全社会掀起学习英雄模范、崇尚英雄模范的热潮起到了一定的促进作用。

“双百”人物，即100位为新中国成立做出突出贡献的英雄模范人物和100位新中国成立以来感动中国的人物，以他们自己的优秀事迹成为了全国爱国主义教育最生动、最直接的教材，成为了激励全国人民团结奋斗的精神力量。阅读他们的感人事迹时，我仿佛觉得自己在与他们进行一场穿越时空的心灵对话。他们当中，不管是袁隆平的杂交水稻解决了所有中国人的吃饭问题也好，还是谭千秋舍己救人的英雄壮举激励了当代大学生勇于承担更多的社会责任也好，他们的目标都是一致的，那就是为新中国的发展贡献出自己的生命和智慧、青春与热血，以自己的实际行动成为祖国前进中的无私奉献者。他们这些艰辛而感人的现实故事，无一不给我精神上的触动。

作为文化共享工程的工作人员，我觉得我们有义务更好地利用文化共享工程网络去广泛传播“双百”人物的感人事迹和崇高精神，让更多的群众受到教育和激励。这就要求我们工作人员不仅要有较高的政治素质，还要具有过硬的业务素质。我们应充分发挥县图书馆、文化馆、乡镇文化站等基层文化单位工作人员在文化共享工程建设与管理中的积极作用，并通过举办各种形式的文化活动，将文化共享工程丰富的农村种养殖技术、电影、戏曲、“双百”人物等资源传送到每家每户，从而去激发农民群众对农村文化建设的热情，去促使他们向“双百”人物学习、看齐。虽然农民朋友不一定知晓方志敏留下的动人篇章，不一定知晓“狼牙山五壮士”的具体来由，也不一定知晓新时期领导干部的优秀代表郑培民的光辉政绩，但是有一点是值得肯定的，那就是即使这些英雄人物身处不同年代、不同环境、不同岗位，但他们身上所体现出来的崇高精神，在本质上都是一致的，他们都忠于祖国、热爱人民，追求真理、艰苦奋斗，淡泊名利、无私奉献。因此，通过了解“双百”人物，不仅是农民朋友，包括我们这些共享工程工作人员，都可以重新认识自己，对自己提出新要求，从而迫使自己挖掘潜力，向更高的目标迈进。

其实，学习“双百”人物，从另一个层次上去理解，是对过去的英雄人物的一种缅怀，对感动中国人物的一种宣传。这既不是煽情，也不是抱着过去的荣耀不肯放，而是一种发自内心的情感流露，是一种强烈民族自豪感的体现。“过去”是不能被遗忘的，因为没有过去的不懈努力和热血奋斗，就没有今天继续向前发展的现实基础。“过去”是应该用心去铭记的，因为只有怀揣“感恩之心”，牢记生活的来之不易，才能对现在的幸福生活有更深一层的感悟。

作为一名长沙人，我不能忘记1938年的文夕大火。那场几乎让长沙沦为废墟的大火，烧痛了每一个长沙人的心。可以说，长沙以一种独特的视角见证了新中国的成立，又以一种敏感的触觉感受着时代的进步与发展。这种感受，不仅限于经济和政治，也包括长沙的文化，长沙的文化共享工程也正是在文化建设这个大框架的宏伟蓝图下逐步发展起来的。黄龙新村，作为长沙文化共享工程基层服务点的典型代表，正是长沙文化共享工程建设的一个缩影。该村为提高村民的农业技能，丰富农村的业余文化生活，充分利用村电视频道，让村民坐在家中就能收看到文化共享工程资源节目。该村的电视频道开通了《科教兴农》、《影视天地》等栏目，每周自制专题节目2期，一年来共制作播出专题节目270多期，深受村民的欢迎；该村还经常开展各种计算机知识竞赛、文化共享工程资源使用技能竞赛和观看“双百”人物等活动，激发村民们学知识、用电脑、学做人的热情；同时采取观看文化共享工程资源与老师现场上课相结合的方式，举办养猪、养鱼、养鸭、摄像等培训班，培养了大量的学员，促成了大量专业户的产生，提高了整体的经济水平。黄龙新村对文化共享工程的投人，体现了该村对文化建设的极大重视，这种重视在提高村民综合素质的同时，无形中也推动了该村的经济发展。黄龙新村的成功，不仅充分显示了村民文化素质与经济效益挂钩的正比关系，也映射了“双百”人物在背后对人的激励和推动作用。我相信，“双百”人物所体现出来的艰苦奋斗、敢于胜利的英雄气概，永远是激励基层群众战胜前进道路上一切艰难险阻的强大精神支柱。

在新中国成立60周年之际，开展“双百”人物事迹评选活动，对我们年轻一代了解历史是一个极好的机会，对我们文化共享工程工作人员通过网络去弘扬祖国的优良文化传统更是提供了一个极佳的宣传平台。“双百”活动充分体现了“不忘过去、展望未来”的时代主旋律，是推进社会主义核心价值体系建设的一件很有意义的大事。“双百”不只让我们这些年轻人把革命年代那种火一般的“红色”精神和奋斗热情更好地传承下去，同时也展现了特定历史时期的灿烂精神文化，更为新时期的建设提供了强大而有力的精神保障。在今后的工作中，我将以这些英雄模范的崇高精神转化为推动实际工作的强大动力，用他们的崇高理念指导我的一言一行，为“文化共享”这项文化创新工程做出我自己的一份贡献。

获奖者照片　王隽

学习“双百”人物
学会审视自己

文化部全国文化信息资源建设管理中心
张博

刘胡兰：女，汉族，山西省文水县人，中共党员。

全国抗战爆发后，中国共产党领导山西人民开展救亡运动，文水县成立了抗日民主政府。在党的领导下，云周西村涌现出一批抗日积极分子，一些贫苦农民相继入党，并成立了党支部。刘胡兰积极参加村里的抗日儿童团，为八路军站岗、放哨、送情报。后来，刘胡兰当上了云周西村妇救会秘书，参加了党领导的送公粮、做军鞋等群众活动，还动员青年报名参加八路军。抗战胜利后，阎锡山的部队占领了文水县城，解放区军民被迫拿起自卫武器，保卫抗战胜利成果。1945 年 11 月，刘胡兰参加了党组织举办的妇女干部训练班，阶级觉悟有了进一步的提高。1946 年 2 月，刘胡兰参加了我军反击阎锡山顽军作战的东庄战斗的支前工作，得到了进一步的锻炼成长。刘胡兰在斗争中经受了严峻考验，于 1946 年 6 月被批准为中共候补党员。1947 年 1 月 12 日，阎锡山国民党军和地方武装“复仇自卫队”包围了云周西村，刘胡兰被国民党军和地主武装抓获。在敌人威胁面前，她坚贞不屈，大义凛然地说：“怕死不当共产党！”敌人将同时被捕的 6 位革命群众当场铡死。但她毫不畏惧，从容地躺在铡刀下，英勇牺牲。毛泽东为她题词：“生的伟大，死的光荣。”

中共中央政治局常委李长春2009年9月14日在“双百”人物代表座谈会上强调，“双百”人物虽然身处不同年代、不同环境、不同岗位，但他们身上所体现出来的崇高精神，在本质上是一致的，那就是：忠于祖国、热爱人民，追求真理、坚持理想，艰苦奋斗、敢于胜利，锐意进取、开拓创新，淡泊名利、无私奉献。

此次“双百”人物评选活动令我为之振奋，为之鼓舞。国家在此时大力宣传、倡导、学习“双百”人物非常及时，非常必要，不仅激励了坚持战斗在平凡岗位上的普通基层工作者，同时给那些在工作上思想松懈、拈轻怕重、投机取巧的人敲响了警钟并起到了带动作用。

“双百”人物评选活动是广大干部群众进行的一次生动的爱国主义自我教育活动。活动开展以来，各地区各部门高度重视、精心组织，广大群众积极响应、热情参与，新闻媒体全力配合、深入报道，迅速兴起了群众性爱国主义教育活动的热潮，在全社会唱响了共产党好、社会主义好、改革开放好、伟大祖国好、各族人民好的时代主旋律。

全国文化共享工程作为我国传播先进文化、宣扬爱国主义精神的重要平台和教育阵地，在宣传、学习“双百”人物活动中发挥了积极作用。身为这项工作的一名普通员工，同时又是一名专职负责工程简报编辑及新闻采写工作的宣传工作者，我深知自己身兼的重任，并在投入开展“双百”人物的宣传、学习活动的过程中，不断调整、完善着自己的价值观和世界观，并将自己的感悟应用到日常的工作当中。

我们对于很多“双百”人物事迹可以说从小就耳熟能详，比如像“狼牙山五壮士”、杨靖宇、杨子荣、江竹筠等革命先烈，特别是在敌人威逼利诱下不为所动、牺牲在敌人铡刀之下、被毛主席题词“生的伟大，死的光荣!”、牺牲时尚未满 15 周岁的少年英雄刘胡兰。但那时自己对他们的学习还只是简单地认为，长大后能像他们一样在战斗中英勇冲锋陷阵，被困时面对敌人临危不惧。随着成长，我逐渐知道、了解、熟悉了焦裕禄、王进喜、张秉贵等坚守在新中国最平凡岗位上的基层工作者的先进事迹，并为他们对党、对国家、对人民、对事业那份执着、坚定的理想和信念所深深打动。

今日的河南省兰考县，已从曾经的穷乡僻壤发展成为河南省最大的桐木板材加工基地，豫东地区最大的小型吊装机械生产基地，初步形成了板材加工、吊装机械、民族乐器、纺织四大特色产业，城乡面貌日新月异。这些变化，与无数个恪尽职守、坚持在基层工作岗位的“焦裕禄”们的不懈努力是密不可分的。由此，我联想到，我们的全国文化共享工程事业自 2002 年启动以来，建设速度逐年推进，数年间，已发展成为我国公共文化事业的基础性工程。同时，我也憧憬着，我们的全国文化共享工程事业在不远的将来，能够走进千家万户，为百姓的工作和生活带去方便和欢笑。这就需要我们文化共享工程的每一位工作者上下齐心，共同为着同一理想而不懈努力。

学习“双百”人物活动开展以来，“双百”人物的精神和事迹在我国各地广泛传播。全国文化共享工程作为中央指定的宣传“双百”人物的重要平台之一，做了大量工作，尽可能将各类“双百”人物有关内容收集整合，并融入到工程资源、培训、服务等各方面工作当中，力争通过工程覆盖全国的服务站点以及多种传播、服务模式，将“双百”人物的精神和事迹传播到最最基层的百姓身边。作为参与此次全国文化共享工程宣传、学习“双百”人物活动的一分子，在活动中，我把单位同志、基层同仁及各地群众反映上来的情况作为自己的一面镜子，供自己反思、进步。

2009年9月，我们单位作为全国文化共享工程的国家中心，配合文化部，并在其指导下参展“辉煌60年——中华人民共和国成立60周年成就展”。在展览中，我看到全国各地乃至海外华侨、国际友人兴致勃勃、摩肩接踵地拥进北京展览馆，一睹新中国成立以来，各项事业的发展成就。当大家来到“文化事业”展区时，纷纷被我们文化共享工程展位所吸引，其中有很多人还不知道我们这项工程，有些人感慨着从我们工程实施以来获得的收益，但都不约而同地对文化共享工程产生了浓厚的兴趣并寄予厚望，这令我对自己所从事的事业油然产生了极大的自豪感，同时也感到了身上的压力。是的，我工作的好与坏，不是正同这些在展览中走过我眼前的弟弟妹妹、哥哥姐姐、叔叔阿姨、爷爷奶奶们生活中的喜怒哀乐息息相关吗？如果每天能给他们多添一份欢笑，我再苦一点、再累一点都是值得的。展览期间，我们单位还利用移动播放器的服务模式，为观众循环播放了“双百”人物的有关视频资源。其中，很多中小学生对“双百”人物的内容并不感兴趣，关注的大多是明星、动画片、游戏以及网上的最新信息等方面，但他们对文化共享工程工作还是给予了很高评价。而很多中年观众和老年观众及军人都会在“双百”人物视频前驻足观看，或是点击观看、查询、咨询一些工程进展及生活技能方面的讯息，这也反映了各个时代和各个群体的观念、喜好等多方面的差异，为我们今后在工作的针对性和适用性上提供了借鉴。通过这些，我感到应加大对中小学生宣传“双百”人物的力度，引导他们认识到，无论身处任何年代尤其是在和平年代，我们都不应该忘记先辈为我们安逸的生活所付出的心血和牺牲，更应懂得自己也是推动社会进步的一分子，自己的努力付出同样会造福当代和后世。

在同一时段组织开展的全国文化共享工程国庆系列文化服务活动以及接下来的一系列活动当中，由于工作所致，我可以收到全国各地共享工程站点发来的活动报道，一件件鲜活的事例，一张张感人的照片，无一不打动着我。比如像我们工程西藏分中心的同志们，在为自治区基层群众开展图片展活动时，由于条件所限，他们巧妙地将一块块展板悬挂在了树枝上，类似的事例在各地共享工程分、支中心比比皆是、不一而足。这些事例令我不禁对基层同志们的工作智慧和工作精神由衷钦佩，也使我意识到，自己工作在一个各方面条件都十分优越的环境中，更应该自觉、自发地全身心投入到这项有益于人民、有益于国家的事业当中。

那么，我应该怎样做呢？一直以来，我总觉得自己年轻力壮，总认为自己坐在办公室是虚度时光，总羡慕那些能够最近距离为群众办实事的同志。通过这段时间亲身从事宣传、学习“双百”人物活动的切身体会，我对自己的工作有了新的审视：为群众办事，并不在于我所从事的工作的高与低，贵与贱，我们都是这个社会的一分子，无论我在什么样的岗位，只要我是发自内心的，那么我所努力做好的一切事情，都会或大或小、或多或少地给其他人的生活带来变化。就我的本职工作——工程简报而言，我应该在工作中用力，在工作外用功，把全国文化共享工程这项利国利民的事业的最新进展，以及各地不断涌现的先进人物、先进事迹和先进经验最快、最好地编写出来，让更多的人认识、关注我们这项事业，让简报成为我们系统内最重要的宣传、交流窗口，让遍布全国的文化共享同仁通过简报这个平台在获悉最新工程动态的同时，相互了解、取长补短、增进感情、共同推动这项事业更快更好地发展，从而切切实实地保障我们国家广大人民群众特别是最基层群众最根本的文化权益。

此次全国文化共享工程学习“双百”人物征文活动的开展，我们规划发展处承担了其中大量的工作，同时也

获奖作者　张博

是一个极好的学习、实践机会。对于绝大多数“双百”人物，我们并不陌生，但通过此次活动的开展，我发现，原来，多年以来，自己对自己确是陌生了。很多人说，此次国家大力开展“双百”人物评选活动，晚了！迟了！没有必要了！但我要说，学习“双百”人物活动适应、适合于任何时代，“双百”人物就像一面面巨大的镜子，他们的事迹为我们树立了榜样，他们的精神直指我们内心。这面镜子应该永远立在我们心里，为飞速发展的社会、为不断更新的观念时刻带来最本真的动力。

用文化共享平台
弘扬“双百”精神

文化共享工程湖南省湘西州花垣县
支中心　孔德双

文花枝：女，汉族，湖南省韶山市人，中共党员。1982年出生，2003年在湘潭新天地旅行社（现更名为湘潭花枝新天地旅行社）当导游员。现为湘潭大学旅游管理学院学生。

2005年8月28日，文花枝在带旅游团途中遭遇车祸，车上人员6人死亡，14人重伤，8人轻伤。当营救人员几次想把坐在车门口第一排的文花枝先抢救出去时，她没有忘记自己是一名导游员的工作职责，大声说："我是导游，后面是我的游客，请你们先救游客"，并不停地为大家鼓劲、加油。在这起重大交通事故中，文花枝是伤得最重的一个，左腿9处骨折，右腿大腿骨折，髋骨3处骨折，右胸第四、五、六、七根肋骨骨折。她在危险到来的时候，将生死置之度外，把生的希望让给别人，自己最后一个被解救。因为延误了宝贵的救治时间，医生不得不为文花枝做了左腿高位截肢手术。工作中的文花枝一直是一名用真诚和微笑对待游客的阳光女孩，她把游客当成朋友和亲人。每带一个团，她都按事先的承诺服务，每到吃饭时，她都先安排好游客，自己才最后吃。游客称赞她是人品上的"导游"，是职业道德的"导游"。她是第十一届全国人大代表，被评为全国道德模范、中国十大杰出青年，荣获全国五一劳动奖章、全国三八红旗手等多项荣誉称号。

伟大的时代孕育出伟大的精神。

今年夏末秋初我们迎来了一场精神的洗礼——由中央十一部门联合发起的“双百”人物评选活动。他们是不同时代，不同的环境里涌现出的英雄模范，当代的我们也许只会记得我们这个年代的人物，也许只会记住部分的感人事迹，但是我们有必要怀着一颗感恩的心去回忆那些或许已经去世几十年的、或许不曾被人提起的英雄人物和他们光辉的事迹。他们的人他们的事，是我们宝贵的精神财富。诵读他们的故事给我们带来一场人生观、世界观、价值观的洗礼。

作为一个生在红旗下长在新中国的 80 后，能有这么美好的生活，我们每一个人不能忘记这些英模，他们的奋斗、辛劳乃至牺牲，为各个时代写下了壮美的篇章，每一个享受到美好生活的当代人，更应该饮水思源，不应该忘记所有作出过贡献的人们。

学习“双百”人物，是给我们上了一堂自我提高的教育课，也是一堂精神升华的教育课。我认真看了每一个“双百”人物的感动故事，瞬间让我觉得作为一个当代青年应该担起建设祖国、为祖国做出贡献的重大责任。“八女投江”，以冷云为代表的东北抗日联军8名女战士在1938年10月上旬在牡丹江地区乌斯浑河渡口与日伪军千余人遭遇，已行至河边准备渡河的妇女团八名女战士，为掩护大部队突围，毅然放弃渡河，在冷云的率领下分为三个战斗小组，主动吸引日伪军火力，与敌人展开了激战。面对日伪军的逼降，誓死不屈，她们毁掉枪支，挽臂投入滚滚的乌斯浑河，壮烈殉国，表现出中华民族同敌人血战到底的英雄气概。文花枝，一名导游，在带旅游团的途中遭遇车祸，车上人员6人死亡，14名重伤，8人轻伤。当营救人员几次想把坐在车门口第一排的文花枝先抢救出去的时候，她都没有忘记一名导游该有的工作职责，大声说：“我是导游，后面的是我的游客，请你们先抢救他们。”还不停地给游客加油鼓劲。在这起重大事故中，文花枝是伤得最重的一个，她在危险来到的时候，将生死置之度外，把生的希望让给别人，自己最后一个被解救。因为延误最佳的治疗时间，医生不得不给文花枝做了左腿高位截肢的手术。工作中的文花枝是一个一直用微笑和真诚接待每一位游客的女孩儿，每带一个团，她都按事先的承诺服务，每到吃饭的时候，她都是先安排好游客自己才最后吃。游客称赞她是人品上的“导游”，职业道德的“导游”等等感人故事。这些人物有的是生活在我们身边的，有的是早就离开了我们的，但是无论在哪一个时代还是在哪一个历史时期，我们国家的富强、民族的进步还有人民的幸福，都是需要一大批先进人物勇敢地担当起时代赋予的重任，成为祖国的脊梁，时代的先锋，祖国的骄傲。

这些伟大的英雄模范给我们这个时代奠定了无比巨大的精神财富基础，我们更要以“双百”人物为榜样，激励我们爱岗敬业、刻苦钻研，在平凡的岗位上创造不平凡的业绩。我们要以他们为榜样，培养我们忠于祖国，热爱人民的崇高精神；以他们为榜样，建立追求真理，坚持理想的坚定信念；以他们为榜样，树立艰苦奋斗，敢于胜利的英雄气概；以他们为榜样，塑造锐意进取，开拓创新的优秀品格；以他们为榜样，养成淡泊名利，无私奉献的高尚情操。

为了传播“双百”人物的伟大精神，文化共享工程拓宽了学习“双百”人物精神的渠道。它缩小了城市和农村之间的文化障碍，使“双百”人物精神家喻户晓。中国的农村人口占我国总人口的56%，是需要学习的一个庞大群体，并且很多的“双百”人物都出自农村，借文化共享工程这一个平台，把这些鲜活的人物形象带到农村，把“双百”人物精神传播到千家万户。

这时，县级支中心抓住学习“双百”人物精神这一有利时机，举办了全县中小学“学习‘双百’人物事迹主题征文”、“庆国庆　学习‘双百’人物图片展览”、学习“双百”人物知识竞赛、故事演讲等多项活动。精选部分宣传“双百”人物的书籍及电子图书，在外借出窗口及网上在线阅读栏目开辟专栏，方便读者使用，丰富了群众的文化生活，提高了广大群众的精神文化修养。县级支中心为一些乡镇和社区服务网点送去关于“双百”人物影视光碟和图书、图片资料。每去一个地方展影时，居民或是村民都争先恐后地来观看，有的老人拿着板凳，大人都带着孩子，社会进步了，农村的教育观念也有了很大的改变，要从小抓教育，所以这些家长们都要让孩子来看一看，从小培养一种爱国情操，接受爱国教育。年轻人也是热情洋溢地前往，他们觉得现在时代进步快，很多非主流的东西成为时尚，有些人已经忘记了我们这个社会所要倡导的主流的精神品质，所以抓住这次大好机会来洗礼自己。在开展红色电影展播时，很多人被电影中的主人公所感动流下了热泪，老人们有的还说起曾经读过关于某位人物的故事，称赞地说真的是很厉害，让人敬佩，并且告诫周围的年轻人也要好好学习他们，为国争光。农民们每天都劳作在田间或是出外打工，很少有娱乐活动，或是自己看书的时间，而这次我们用娱乐的方式把书本上的人和事带给他们，他们很好接受很好理解，也很容易被感染，加深了他们的记忆。在图书馆的电子阅览室里每一台电脑的桌面，我们都设置了“双百”人物的窗口，供读者网上阅览使用。

这些都充分体现了图书馆文化信息资源共享工程的公益性服务功能，体现了共享工程在助建社会主义新农村活动中的独特作用。

“双百”人物评选活动激起我们的爱国热情，在他们身上体现出忠于祖国、热爱人们、追求真理、坚持理想、艰苦奋斗、敢于胜利、锐意进取、开拓创新、淡泊名利、无私奉献的崇高精神，我们有责任有义务去继承和弘扬他

获奖作者　孔德双

们的精神。文化共享工程同时也担起这一重任，它架起了一座城市和农村之间的文化桥梁，把我们“双百”的精神传递给广大的农民，提高了他们的文化修养，坚定了他们尽快实现社会主义新农村的信念。每一个文化共享工程服务点，都应该做好用文化共享这一个平台弘扬好“双百”人物的精神这一项工作。

时代精神的底蕴

文化部全国文化信息资源建设管理中心
刘晶

时传祥：男，汉族，山东省齐河县人，中共党员。1929 年参加工作，生前系北京市崇文区清洁队（现北京市崇文环卫三队）工人。

时传祥是崇文区环卫战线的一名普通淘粪工人。他以“宁愿一人脏，换来万家净”的崇高精神，在平凡的环卫岗位上无私奉献一生，为首都的环卫事业作出了不平凡的贡献。1929 年，年仅 14 岁的时传祥逃荒到北京当了一名淘粪工。解放初期，由于工作努力，在工友中享有很高的威信，他被推选为前门区粪业工会委员兼工会小组长，他经常带领大家开展忆苦思甜教育，以自己的实际行动报答党恩。1958 年，崇文区清洁队改用汽车运粪，他与工友们一起钻研，进行技术革新，增加了淘粪量。他不仅立志自己一生投身环卫事业，而且非常关心环卫事业的后继与发展。从 1962 年开始，他承担起对分配来的初、高中毕业生的传帮带任务，帮助青年人树立“工作无贵贱、行业无尊卑”、一心一意为人民服务的思想。时传祥以无私奉献的崇高品质赢得了全社会的尊重，他向人们生动诠释了劳动的光荣和生命的价值，他是全心全意为人民服务的优秀典范。他是第三届全国人大代表，1959 年被授予全国劳动模范荣誉称号。

为贯彻落实中央领导的讲话精神，管理中心积极响应党中央号召，充分利用共享工程的数字资源和服务网络，通过网站专栏、知识竞赛、参加展览、征文活动、有奖答题等多种方式，整合相关的图书、音频、视频、动漫等各种多媒体资源，大力开展宣传、学习“双百”人物活动。近日，学习“双百”人物征文活动正如火如荼地展开，我也借此机会谈一下自己学习的心得和体会。

作为管理中心的一员，近 3 个月来，在规划处的旁边，对宣传、学习“双百”人物的各项活动耳濡目染，并亲身参加了资源处组织的“双百”人物有奖答题活动，让我走近了那一代代耳熟能详的英雄，感受更加深刻。他们的伟大在于，一般人想得好，说得好，却做不到，而他们做到了！

我的思想在经历不断冲击之后有了新的提高，我对他们的认识，从对于一个领袖树立榜样的崇尚回到了对一个人道德和人格的热爱。我觉得一个人独善其身并不够，还应该积极用自己的言行去影响他人。一个优秀的人懂得要最大程度的发挥自身的潜力，不仅在自己的岗位上兢兢业业、对周围的人关心爱护，还要切实、灵活地去带动大家都来关心国家、集体和他人的利益。

立足本职工作，“双百”人物精神是指引我们前进道路上的一盏明灯。就我目前的工作而言，学习英模们的精神是取得工作实效的重要前提，更是开展工作的重要思想保障。

“全国劳动模范”时传祥，他是一个再平凡不过的淘粪工人，做着社会最底层的工作，竭尽全力为市民服务，用自己的双手为首都带来了干净和美丽。使我想到日常工作中的一些事务性工作，虽然是一砖一瓦的简单工作，却是文化共享工程这幢大厦不可或缺的一部分，是社会主义文化事业的基础。我要增强自己对工作的责任感和使命感。从构建公共文化体系，实现广大人民群众基本文化权益的高度，进一步提高对本职工作重要作用的认识，切实增强大局意识、政治意识和责任意识。对领导交代的工作要认真负责，遇到问题及时向领导请示，提高工作效率，不能忽略细节，充分调动一切积极因素，协助领导做好工作。

“一滴水只有放进大海里才永远不会干涸，一个人只有当他把自己和集体事业融合在一起的时候才能最有力量”，这是雷锋说过的一句话。他全心全意为人民服务，把有限的生命投入到无限的为人民服务中去，对同志、对群众像春天般温暖。所以要让自己尽快融入到管理中心这个大家庭中，团结友爱同事，当别人需要帮助时，要真诚的给予。记得刚来中心的时候，作为新同事的我，有时会有这样那样的不懂，同事都会用心热情的解释。在这样和谐的氛围中，我会更加倍努力的工作，也许会有一些的辛苦，但辛苦是一种磨炼，何况是我们大家一起同甘共苦，在辛苦中，才会锻炼自己的能力，在辛苦中，才会充实的体现着自己的人生。

张海迪，多么亲切瑰丽的名字。她的人生道路艰辛异常，今天的成功感人落泪。5 岁时，可怕的疾病使她高位截瘫，无法上学，她就躺在病床上，以顽强的毅力克服疾病和困难，自学了小、中、大学课程和英、日、德等多门外语，并在之后的文学创作道路上精益求精。她的故事让我明白，成功不是“中彩票”，人生的梦想需要汗水和心血来浇灌。加强自身建设，这是做好本职工作的基础和前提。要加强思想建设，坚持把加强学习摆在重要位置，树立终身学习的观念，不断自我加压，时刻检查自己的言行。在工作中，勤学习，善思考，将所学所思在实践中运用，在实践中检验，在实践中升华。

学习“双百”人物活动是一次震撼心魄的回顾，一次净化心灵的洗礼，一次人生观、价值观、世界观的感悟。当然，为新中国成立作出突出贡献的英雄模范人物和新中国成立以来感动中国人物又何止这“双百”，他们只是无数英烈中的典型代表。

“双百”人物的精神使我想到，文化共享工程这项公益事业正是秉持这种精神的一项惠民工程。5·12 汶川地震，管理中心为保障地震灾区群众基本文化权益，丰富灾区群众精神文化生活，维护灾区和谐稳定，坚持以为人民服务为宗旨，积极投入抗震救灾，组织全员捐款捐物、整合资源、制定设备配置方案、采购设备、技术培训等，使灾区人民感受到管理中心对他们真诚的关心和帮助。

从无知孩童到社会员工，全是在党的抚育之下成长起来的，“水有源、树有根、饮水不忘掘井人”，我一定好好学习“双百”人物的高尚品质，以他们为榜样，以他们的崇高理念指导今后的工作，听党的话，好好学习，加强思想锻炼，争取尽快地加入中国共产党，把自己培养成为一个全心全意为人民服务的文化事业工作者，为文化共享工程这项惠民工程献出自己的绵薄之力。

获奖作者　刘晶

守望家园的道德
呵护永恒的精神

文化共享工程山东省聊城支中心　许丽

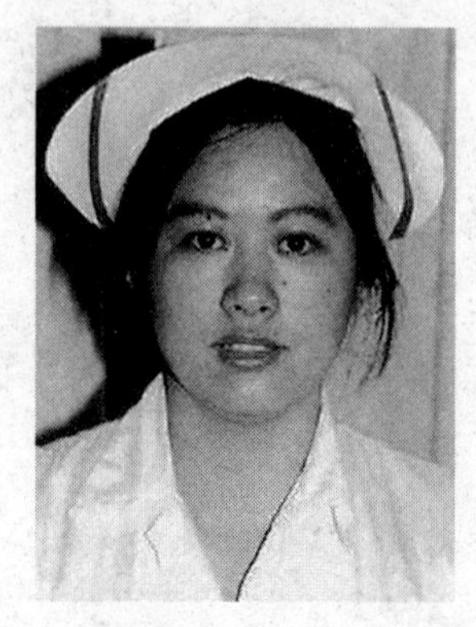

叶欣（1956—2003），女，汉族，广东省徐闻县人，中共党员。1972年参加工作，生前系广东省中医院二沙分院急诊科护士长。

叶欣爱岗敬业、忠于职守，在急诊科工作20年，总是一马当先，冲锋在前。2003年春节前后，非典开始在广州一些地区流行，叶欣所在广东省中医院二沙分院担负了接诊非典患者的任务。面对具有强烈传染性的非典患者，面对死神的挑战，作为急诊科护士长，她周密筹划、冷静部署，始终坚持亲临现场，战斗在第一线，使整个护理工作有条不紊地进行。每当有疑似或者确诊病人送来，叶欣总是冲在最前面，最艰难的工作争着干，最危险的活抢着做。为了减少其他人的感染机会，她几乎包揽检查、抢救、治疗和护理工作，她一次次临危不惧冒着生命危险抢救患者，一次次把危重病人从死亡线上拉了回来。2003年3月4日中午，叶欣开始出现发热症状，被确诊染上了非典型肺炎，后因抢救无效于3月24日凌晨逝世，年仅47岁。叶欣是无数抗击非典战斗英雄的杰出代表，是我国应对重大突发事件中医疗卫生战线涌现的一面旗帜。她被追授为全国优秀共产党员、追认为革命烈士，荣获白求恩奖章、国际南丁格尔奖章。

英雄模范和感动中国人物对人生价值的选择，让今天的人们反思自己的人生。在物质丰富、价值多元的今天，人们更需要精神家园的充实与丰盈。只有将个人价值融入时代与社会，将个人追求融入国家与民族，学习他们为祖国、为人民无私奉献、敢于牺牲的伟大精神与品德，人生才会更有意义。

道德，是人生航船的两大船桨。船帆是精神。有了船帆的带动力量，两只船桨才能把握方向。如果船桨失去方向，船帆的力量再大，也会误入歧途。“双百”人物的崇高精神与品德，就像两只巨大的船桨和高高的船帆，为我们指明了人生航向。

精神与道德，需要价值的滋润和光照。

市场经济，消费主义，利益需求，开阔着我们的视野，解放着我们的欲望，也消解着生命的真谛，流失着生活的意义。当前，我国社会主义市场经济发展进入了新的历史时期，迫切需要增强先进文化的渗透力、辐射力和感染力。“共享工程”的实施，将通过网络广泛传播中华文化的精髓，实现“以科学的理论武装人，以正确的舆论引导人，以高尚的精神塑造人，以优秀的作品鼓舞人”。以先进文化教育广大群众，提高人民群众的思想道德素质和科学文化素质。

精神与道德，需要社会群体的共同支撑。

传统美德，是一片丰饶的土壤，生长着本真的人生体验，孕育出鲜活的道德追求。它凝聚着中华民族的“形”与“魂”。加强中华传统美德教育的宗旨就是为了在新的形势下，继承、弘扬、提高和发展中华民族的传统美德，把我国的优秀文化和传统美德集中起来，并与革命传统相结合，赋予新时代内容，容纳新时代精神，达到承前启后，与时俱进，古为今用的具有中国特色的价值观、道德观和行为准则。胡锦涛总书记以“八荣八耻”为核心的社会主义荣辱观就是传统美德同时代相结合的产物。“共享工程”正是充分利用现代高新技术手段，将中华民族几千年来积淀的各种类型的文化信息资源精华以及贴近大众生活的现代社会文化信息资源，进行数字化加工处理与整合；建成互联网上的中华文化信息中心和网络中心，实现优秀文化信息在全国范围内的共建共享。

精神与道德，是最为坚实的支柱。它映照的不仅是权利意识、自主意识，还有责任伦理，人格力量，社会关怀，志愿者精神。忘不了那场突如其来的非典灾难，忘不了汶川抗震救灾，那是一次次公民精神的充分释放和蓬勃生长，各行各业的广大干部群众齐心协力，进一步激发出“万众一心、众志成城、团结互助、同舟共济、迎难而上、敢于胜利”的伟大民族精神，向世界展示了中华民族精神的绚丽光彩。

“一方有难，八方支援”。是什么力量让我们万众一心？是什么力量给了我们必胜的信心？——是民族精神！

精神与道德，需要制度的激励和关怀。

我们呼唤“以人为本”的科学发展，这是向着人与自我、人与社会、人与自然和谐的前进；我们推进人性关怀的法制建设，这是将社会的底线伦理、基本的道德规范有机地融入法治的建设；我们加快公平正义的制度创新，这是使制度公正和个人诚信、规范伦理和德性伦理的结合成为人的自由全面发展的道德基础。

守望家园的道德，呵护永恒的精神，就是关怀我们的生活，就是提升人们的幸福，就是缔造社会的前景。其实，每一个人的心底，都有一份善良，潜藏着，萌动着，生长着。看一看“双百”人物的事迹，他们都是英雄。听一听人民大众发自肺腑的赞叹吧：

“这是新时代新时期的楷模”，

“这是英雄群体谱写出的壮美的仁爱之歌！”

英模表现出的坚定理想信念和崇高人生境界，犹如钻石，亘古不变，熠熠生辉；犹如太阳，温暖、激励人们奋发图强。英模身上集中体现出来的崇高人格和民族精神，成为中华民族战胜一切艰难险阻的强大精神动力。

获奖作者　许丽

不朽的精神　永恒的力量

——钱学森精神必将激励我们学习英模爱国奉献

文化共享工程山东省沂水支中心　张德平

钱学森：男，汉族，浙江省杭州市人，中共党员。1911 年出生，现任中国人民解放军总装备部科技委高级顾问，中国科协名誉主席，曾任全国政协副主席。著名科学家。

1934 年钱学森毕业于上海交通大学，1935 年赴美国麻省理工学院留学，翌年获硕士学位，后入加州理工学院，1939 年获航空、数学博士学位后留校任教并从事应用力学和火箭导弹研究。1955 年回国后，历任中国科学院力学所所长，国防部第五研究院院长，七机部副部长，国防科委副主任，原国防科工委科技委副主任。1956 年提出《建立我国国防航空工业意见书》，最先为中国火箭导弹技术的发展提出了极为重要的实施方案。此后长期担任我国火箭导弹和航天器研制的技术领导职务，并以他在总体、动力、制导、气动力、结构、材料、计算机、质量控制和科技管理等领域的丰富知识，为中国火箭导弹和航天事业的创建与发展作出了杰出的贡献。他是中国科学院院士、中国工程院院士，中共九大至十二大代表，获中国科学院自然科学奖一等奖、国家科技进步奖特等奖、小罗克韦尔奖章和世界级科学与工程名人称号，被国务院、中央军委授予“国家杰出贡献科学家”荣誉称号，获中共中央、国务院、中央军委颁发的“两弹一星”功勋奖章。

钱学森以爱国、奉献、创新6字诠释了98岁的科学人生，而人们连绵不断的思念，正在将钱学森一生秉持的严谨的治学态度和求新的科学精神传播、延续。中国“航天之父”、“火箭之父”钱学森不仅给中国留下了丰富的物质财富，更留下了无穷的精神遗产。

“我一直相信，我一定能够回到祖国的”，这是钱学森心中一直坚持的信念，坎坷的归国路并没有让他报效祖国的热情有丝毫的消减，因为他坚信伟大的中华民族必将迎来伟大的复兴。中华民族具有辉煌灿烂、博大精深的文化，对人类文明做出过重大贡献。在人类进入新世纪之际，全国文化信息资源共享工程应运而生，目的就是为了始终坚持中国先进文化的前进方向，实现中华民族的伟大复兴。所以说，作为一名文化共享工程工作者，我们始终与钱学森战斗在同一条战线上。

钱学森为人和蔼可亲，但对于治学非常严肃、严谨，对学生要求十分严格。一次测试中，有个学生将第一宇宙速度7.8公里/秒写成7.8米/秒，钱先生很生气，十分严肃地说：“这个速度连自行车都比你快，这个问题我现在不提出来，以后就不光是流汗的问题，要流血啊，搞科学的要‘下笔千钧’！”让同学们心里怦怦直跳，终生难忘。从这个小小的细节我们可以看出钱学森作为一个教育家严肃、严格、严密的治学态度，也正是这样严谨的态度让他的学生在后来的科研工作中受益匪浅。

钱学森的中学时代是在北师大附中度过的，学校着力打造的民主、开拓、创造的良好风气，以及老师独特新颖的教学方式，留下了一段令钱学森最难忘的青春岁月。“在他的中学时代，大家不讲究背书，谁要背书谁就没出息了，谁要是为了准备第二天的考试，晚上啃书本，让同学知道了，肯定会笑话他”，我想这个理念在现在的教学过程中都是应该被贯彻始终的，条条框框的教条主义终究会被求新的科学精神所打破。

蓬勃发展的高新技术，广泛而深刻地影响着人类的生产方式、生活方式和思维方式。当前的国际竞争，说到底是综合国力的竞争，关键是科学技术的竞争，文化信息资源共享工程的建设也是如此。互联网的应用，使信息达到的范围、传播的速度都有显著增长和提高。世界各国争相运用现代信息技术强化对外传播手段，力争在21世纪的世界舆论格局中占据有利位置。文化共享工程的实施，就是适应这一发展趋势，采用现代高新技术，推动文化建设中传播手段的升级换代，从而推动文化事业的更快发展，逐步形成以文化信息的网上服务为基础的新的知识经济增长点。

文化信息资源共享工程沂水县支中心，深入学习钱学森精神，把严谨的治学态度和求新的科学精神应用到开展文化信息资源服务中去。为此，我们严格落实文化共享工程所指示的各项政策措施，以勇于创新、勇攀高峰的科学精神去面对工作中的各种困难。充分利用支中心现有的硬件设施和技术平台，为县区居民提供更优质的文化信息资源服务，通过卫星传输、互联网、数字电视等技术手段，对乡镇各基层服务点实现文化信息资源更有效地传播。

钱学森精神不仅是科学研究领域的瑰宝，更是我们一往无前完善文化信息资源共享服务的动力源泉。钱学森是伟大的科学家、教育家、思想家，但同时他又是一个平凡的人，正因为平凡才显现出钱学森精神的伟大。作为年轻的我们更要努力学习，为祖国的建设贡献一份力量，纵使是微薄之力，但汇聚起来也是一股不可忽视的力量。

钱学森精神必将不朽，钱学森精神的力量亘古永恒。

获奖作者　张德平

我工作　我超越　我快乐

——记文化信息共享工程中的二三事

文化共享工程海南省保亭支中心　梁惜文

此刻，我和同事正在完成“文化共享工程”去农村放映后的返城途中。汽车行驶在崎岖的山路上，虽然寒冷和疲惫不断袭击着我们，使车内的同事陆续昏昏欲睡，而我竟没有一丝疲惫的感觉，随着车辆的颠簸起伏，思绪万千……

记得刚接手“文化共享工程”工作时，我还是一个电脑盲。一切从零开始，虽然忙得晕头转向，但不轻易言败的我却对这新接手的工作兴趣盎然。因为在知识大爆炸的信息时代，我深深地感悟到，如果不掌握新知识、新技能势必被时代淘汰，胜任工作从何说起？服务读者更会成为空话。“工欲善其事，必先利其器”。边学边干，从五笔打字到文字的排版编辑，从文件下载到图片处理……实实在在的日夜“恶补”，力求立竿见影。不断地摸索和省馆老师的悉心指教，使我终于熟练掌握了电脑系统及各种设备的操作技能。更重要的是能胜任工作，利用电脑这一科技载体，为广大读者发掘丰富的文化资源、传播科普知识、提供科技信息服务，等等。

一分耕耘，一分收获。通过参与“文化共享工程”，使我觉得这项工作不仅仅在于它能提高我的计算机操作水平和丰富文化素养，最为得益的是我能通过它，把先进文化和科技知识，把现代迅速膨胀的信息资源，呈现在广大读者面前，为大家所利用。能超越自我成为文化信息“共享工程”中的一砖一瓦而感到无比的欢欣和骄傲。

文化信息“共享工程”丰富了图书馆的服务内容。为此，我们坚持深入基层，贴近读者，把服务开展到农村、学校、社区，甚至工地等，倡导文明科学，反对愚昧落后。节假日更是开展活动的大好时机而更加紧张繁忙，且常常是在晚间进行，可谓是甜酸苦辣寸心知。然而，倍感欣慰的是所到之处都得到众多读者的欢迎和踊跃参加，同时也带给我很多的感动。记得有一次我们在保城镇抄抗村放映故事片《喜盈门》，全村村民都跑来观看。过后村长打来电话感谢我们，因为通过观看电影使村里原有婆媳关系较为紧张的家庭传出了欢快的笑语，并希望我们能经常到他们村里开展文化活动。一场看似平常的文化活动，竟能收到意想不到的社会效果，使我们更加感受到文化信息“共享工程”的重要和润物无声的“教化”作用。

投身“文化共享工程”工程，传播文化科技知识是我们与读者心灵融会的时刻，是体会工作价值存在的时

获奖作者　梁惜文

刻，是享受工作满足感的时刻，是工作价值实现的时刻，因而深切地感受到“我工作，我快乐”的人生价值。同时，“人生在完成责任中升华”，因而我喜欢这句话：我工作，我超越，我快乐！

时代的丰碑　精神的升华

文化共享工程山西省太原支中心　张峰涛

赵登禹：男，汉族，山东省菏泽县人，中国国民党党员。

赵登禹1914年加入冯玉祥的部队，由士兵晋升为排长、连长、营长、副团长、旅长、师长等职。1926年参加北伐。“九一八事变”后，主张抵抗日本。1933年任第29军第37师第109旅旅长，后任第132师师长。1933年第29军长城抗战时，奉命率部增援喜峰口、潘家口，与敌激战，取得胜利，打击了敌军的嚣张气焰，大长了抗日军民的士气。全面抗战爆发后，7月下旬，日寇在飞机和坦克的掩护下，分别向北平、天津以及邻近各战略要地大举进攻。担任132师师长的赵登禹，率部守卫北京城外的南苑。日军出动40余架飞机轮番轰炸阵地，并有3000人的机械化部队从地面发动猛烈攻击。132师将士在赵登禹的率领下，不畏强敌，奋勇抵抗。日军将中国军队切成数段，分割包围。部队孤军作战，在敌人炮火和飞机的狂轰滥炸下，损失惨重。赵登禹率部誓死坚守阵地，拼死抗击。7月28日，在奉命向北平撤退途中，遭日军伏击，他指挥部队与日军激战，身负重伤仍指挥作战，壮烈殉国。1937年7月31日南京国民政府发布命令，追授赵登禹为陆军上将。抗战胜利后，北平市政府将北沟沿改名为赵登禹路，以示纪念。

一个没有理想的国度是没有脊梁的国度，一个失去信仰的民族是失去未来的民族。一次次震撼心魄的回顾，一次次净化心灵的洗礼。在迎接新中国成立60周年之际，胡锦涛等党和国家领导人在人民大会堂亲切接见了从300名候选人中选出的“100位为新中国成立作出突出贡献的英雄模范人物和100位新中国成立以来感动中国人物”，这些人物的事迹背后有着丰厚的底蕴、坚定的理想信念和崇高的人生境界，使他们成为民族的脊梁、时代的先锋、祖国的骄傲。

中国共产党自诞生到新中国成立的28年间，小叶丹、方志敏、赵登禹……，他们中有为了民族独立和人民解放英勇牺牲，值得永远铭记的革命先烈；新中国成立以来，这种对理想和信仰的追求，更直接体现在社会主义核心价值观上。感动中国的人物树起了时代的丰碑，谷文昌、王杰、丁晓兵、王进喜、容国团、王顺友、常香玉……，他们是为国家发展、民族振兴、社会和谐、人民幸福作出重大贡献的各行各业的杰出代表，他们的事迹激励和感染着一批批国人在各自的岗位上奉献、进取。

六十载沧桑巨变，神州大地英雄辈出，群星灿烂。

百年间风雷激荡，中华儿女不懈求索，百折不挠。

作为一个文化共享工程的建设者、传播者，在总结历史、展望未来的历史时刻，利用文化共享平台深切缅怀英雄模范，热情讴歌先进典型，大力弘扬“双百”人物精神是我们文化共享工程工作者义不容辞的责任和历史使命。“双百”人物身上所体现的忠于祖国、热爱人民，追求真理、坚持理想，艰苦奋斗、敢于胜利，锐意进取、开拓创新，淡泊名利、无私奉献的崇高精神，是我们党领导全国各族人民在革命、建设、改革各个历史时期孕育、积累的宝贵精神财富，是以爱国主义为核心的民族精神和以改革创新为核心的时代精神的重要组成部分，是建设社会主义核心价值体系的丰厚精神资源。我们回首光辉岁月，深感国家的繁荣富强和人民的幸福生活来之不易。他们的故事，他们的名字，令人感动，催人奋进。作为文化共享工程的建设者、传播者，我们更应该以“双百”人物为模范，激励自我，开拓创新，将个人价值融入时代与社会，将个人追求融入国家与民族，使文化共享深入到人民群众中去，让文化共享工程真正成为惠民工程，让人民群众真正享受到国家的优秀文化成果，为提高人民群众精神文化生活做出贡献。

获奖作者　张峰涛

走进殉国地　祭拜将军魂

文化共享工程吉林省辽源支中心　李薇

杨靖宇：男，汉族，河南省确山县人，中共党员。

杨靖宇是东北抗日联军的创建人和领导人之一。1926年加入中国共产主义青年团，1927年4月参与领导确山农民暴动，5月转为中国共产党党员。1928年后在河南、东北等地从事秘密革命工作。1929年春赴东北，任中共抚顺特别支部书记，领导工人运动。“九一八事变”后，任中共哈尔滨市委书记兼满洲省委军委代理书记。1932年秋被派往南满，组建中国工农红军第32军南满游击队，任政治委员，创建了以磐石红石砬子为中心的游击根据地。1933年9月任东北人民革命军第1军第1独立师师长兼政治委员。1934年4月联合17支抗日武装成立抗日联合军总指挥部，任总指挥。同年11月任东北人民革命军第1军军长兼政治委员。1936年6月任东北抗日联军第1军军长兼政治委员。7月任东北抗日联军第1路军总司令兼政治委员。率部长期转战东北，有力配合了全国的抗日战争。在1939年秋冬季反“讨伐”作战中，他率警卫旅转战于濛江（今靖宇县）一带，最后只身与敌周旋五昼夜，以无比坚强的毅力顽强战斗，直至弹尽粮绝，壮烈牺牲，时年35岁。杨靖宇牺牲后，残忍的日军将其割头剖腹，发现他的胃里净是枯草、树皮和棉絮，竟无一粒粮食。

位于靖宇县的东南部山顶的杨靖宇纪念馆，高大的杨靖宇烈士雕像矗立在园中，门正面镶嵌着陈云同志 82 岁那年的题词“杨靖宇将军殉难地”八个大字。站在杨靖宇将军的灵堂前，默哀，凝视，无语。将军穿着军大衣，落日的余晖下，威武不屈、英姿勃发的将军手执望远镜，平视着远方，腰间挎着德式驳壳枪，目光炯炯、威武健硕。凝视着遭日寇践踏国土，身处风雨飘摇遭受的凌辱，胸中充满刻骨铭心的仇恨，眼神中的刚毅预示着革命必将胜利，坚定了他“打出日本强盗，推翻‘满洲国’”的必胜信念。

为了民族解放，肩负着共产党人的神圣使命，曾率部队长期转战于长白山麓，松花江、鸭绿江畔的杨靖宇将军，活动足迹遍及 30 个县，指挥部队与日伪军作战数百次，沉重打击了日伪军，扩大了游击根据地。绕过“正气亭”顺阶而下，是象征将军生命最后五天五夜 118 个小时的 118 个石阶。这是一页历史，照亮了黑暗的岁月。这是一页历史，让记忆在心中铭刻。雪封的三月，在零下 42℃的严寒中，将军肚子里没有一粒粮食，却以血肉之躯，与敌人展开鏖战。咀嚼树皮，吞咽草根，救国就难，转战深山，誓死战斗，血染长白。四野的静物都在焦急，松风呜呜号哭，天地间的泪水凝成冰雪，草籽在腹中发芽，希望在英雄心中升腾，将军骨子里不屈不挠的民族气节，书写了共产党人的坚贞不渝，他为一个民族竖起了永恒的丰碑。当身边的最后两名警卫战士壮烈牺牲时，他自身一人仍毫不畏惧，击敌死伤20余人，因寡不敌众光荣殉国，时年35岁。那一刻，太阳收起了它所有的光芒，飞翔的鸟儿翅膀被折断。那一刻，将军临危不惧，他的威严震慑让敌人显得惊慌失措；那长久定格的画面，让人们一次次地震撼，一次次地泪流满面。历史永远记住了1940年2月23日这一天！

走出陵园，我的眼中依然噙满泪水。远处，青山隐约渐离视线，回望茫茫林海，看晴川绿野，素怀激越。那里的每一个战场，都渗透着民族英雄崇高的信仰和坚定的信念、渗透着民族情感的暖流和寒霜、渗透着民族命运的悲怆和呐喊。在将军身上每一块被刀劈斧砍断裂的骨架上，都闪耀着真理的光芒！在每一根挂着血浆的白骨上，都缀满了中华民族不朽的魂灵！正是英雄的这种民族精神激励着一代又一代的华夏儿女，他们是中华民族的英雄，是共和国的英雄，是他们奠定了共和国大厦的基石，让国家利益和民族利益的观念，上升到一个新的高度。而那段饱受欺凌的黯淡历史上，不只是写着屈辱和压抑，更写满了中华儿女不畏强暴、自尊自强的伟大抗战精神，将军身上闪耀着的光芒，照亮我们子孙后代前行的路，将军的精神是和平崛起的精神宝藏，将与民族同在。

靖宇将军，你的血没有白流，因为你的身后是一个发展中的靖宇县城，是一个繁荣强大的中国和铭记着历史的人民！

获奖作者　李薇

学习孔繁森精神，争做文化共享标兵

——学习“双百”人物事迹精神有感

文化共享工程河南省分中心　刘雷

孔繁森：男，汉族，山东省聊城市人，中共党员。生前系西藏阿里地区地委书记。

孔繁森自觉以党和人民的需要为己任，两次进藏工作，在雪域高原奋斗十个春秋。1979年，他告别年逾古稀的老母、体弱多病的妻子和尚处幼年的孩子，在海拔4700多米的西藏自治区岗巴县一干就是3年。在此期间，他经常深入乡村、牧区与群众一起干农活、修水利。1988年，他克服困难再次带队进藏任拉萨市副市长，分管文教、卫生和民政工作。他跑遍全市绝大部分中小学校、敬老院和养老院，为教育事业奔波操劳，给孤寡老人送去温暖。他领养了地震灾区的3个藏族孤儿，并隐姓埋名先后3次为他们献血。1992年，他又到被称为“世界屋脊的屋脊”的阿里地区任地委书记。1994年，阿里高原发生罕见暴风雪灾，他带领工作组第一时间赶到受灾地区，把救济粮和救济款送到受灾群众手中，每天工作到深夜两点多才休息。在他带领下，经过广大干部群众的努力，阿里经济有了较快发展，1994年全地区国民生产总值比上年增长37.5%。他受到藏族群众的普遍称赞，被誉为“新时期领导干部的楷模”。1994年11月，他在考察工作途中因车祸殉职，终年50岁。他被评为全国民族团结进步模范、全国先进工作者。

最近通过媒体了解到代表我国各个时代的革命先烈、英雄模范的“双百”人物事迹，恰逢文化共享工程国家管理中心组织学习“双百”人物的活动，于是再次学习“双百”人物光荣精神，英雄楷模们的事迹令我十分感动，尤其是援藏英雄孔繁森的事迹。是以此文、以孔繁森精神，自勉为文化共享工程尽心尽力尽职尽责，争做文化共享工程标兵。

在我孩童时就听说，我们国家有位援藏干部，他为西藏人民鞠躬尽瘁，死而后已。他就是孔繁森。怀着对英雄的敬仰，再次拜读了英雄事迹，心灵又一次受到震撼，灵魂又一次接受洗礼。对这样一位人民的好公仆，他的理想，他的信念，他的人格，他的情操，他的精神早已融入了每个人的记忆，他心中只有人民，他永远活在了人民的心中。

“老是把自己当珍珠，就时常有怕被埋没的痛苦。把自己当泥土吧！让众人把你踩成路。”他从参军到加入中国共产党，再到援藏，他始终立党为公、执政为民，始终把人民放在第一位。

进藏后，原定孔繁森同志到任日喀则地委任职。可他主动提出到最需要干部的岗巴县。岗巴县海拔高、条件艰苦，但他跑遍了全县的乡村、牧区，访贫问苦，与当地的农牧民群众结下了深厚的友谊。1988 年，母亲年迈、孩子年幼、妻子多病，但他仍克服种种困难再次进藏，给儿童和孤寡老人送去了温暖。1993 年，进藏工作期满，但他继续留在西藏。他深入调查研究，求计问策，带领群众寻找脱贫致富的路子。1994 年 11 月 29 日，孔繁森同志不幸发生车祸以身殉职，时年 50 岁。“出师未捷身先死，长使英雄泪满襟”。孔繁森同志怀着对党和革命事业的一片忠心，怀着对祖国西南边陲、对西藏人民的爱心，两袖清风、一身正气地走了。

孔繁森同志吃苦在前，享受在后、为民解难、无私奉献、廉洁自律、克己奉公的高贵品质令人感动。在全面建设社会主义和谐社会的进程中，孔繁森精神依然是鼓舞我们艰苦奋斗、吃苦耐劳的强大思想动力，依然是激励我们求真务实、开拓进取的宝贵财富。我们要顺应时代的要求和人民的呼唤，使孔繁森精神在新的历史时期不断发扬光大。

全国文化信息资源共享工程是新形势下贯彻落实科学

获奖作者　刘雷

发展观、构建公共文化服务体系、惠及千家万户的一项重要文化基础工程。作为一名文化共享工程青年工作者，更要发扬孔繁森精神，践行科学发展观，吃苦耐劳、乐于奉献，勤奋进取、服务社会，争做文化共享工程标兵，为建设社会主义文化事业贡献自己的一份力量。

名垂青史　彪炳千秋

——“双百”人物事迹观后感

文化共享工程广西壮族自治区拉堡支中心
梁仁鑫

邱少云：男，汉族，四川省铜梁县人，中共党员。1949年入伍，生前系中国人民志愿军第15军87团9连战士。

1952年10月中旬，在抗美援朝一次战斗中，邱少云所在营奉命担负潜伏任务。潜伏前，邱少云向党支部递交了入党申请书，写道："宁愿自己牺牲，决不暴露目标，为了整体，为了胜利，为了中朝人民和全人类的解放事业，愿献出自己的一切。"执行任务中，邱少云在距敌前沿阵地60多米的草丛中潜伏时，敌人突然向潜伏区逼近，为了掩护潜伏部队，指挥所命令炮兵对敌进行打击。敌人遭到打击后出动飞机侦察，并盲目发射侦察燃烧弹，一颗燃烧弹正好落在邱少云身边，飞迸的火星溅落在他的左腿上，烧着了他的棉衣、头发和皮肉。他身旁就是水沟，只要往水沟里一滚，就可以把火扑灭。但为了不暴露潜伏部队，他严守纪律，咬紧牙关，双手深深插进泥土中，以惊人的毅力忍受着剧痛，一声不吭、一动不动，直至壮烈牺牲，年仅26岁。上级党委追认他为中国共产党党员。他被中国人民志愿军总部授予"一级英雄"荣誉称号，并追记特等功一次。朝鲜民主主义人民共和国追授他英雄称号和金星奖章、一级国旗勋章。经中央军委批准，将其画像制作印发全军，在连以上单位悬挂、张贴。

是什么，如滚滚春雷般震撼着我们的心灵？是什么，如“随风潜入夜，润物细无声”的春雨般滋润我们的灵魂？又是什么，激起我们“男儿何不带吴钩，收取关山五十州”的爱国情怀？朋友呀，我要告诉你：是那两百颗心，是那两百颗闪耀着赤诚爱国情怀的心！

浴着文化共享工程的恩泽，晚上，我得以舒适地躺在沙发上，收看着《新闻联播》。屏幕上，播音员正热情地向我们介绍着：“下面是‘双百人物’的详细名单……”随后，邱少云、董存瑞、黄继光、左权等几个耳熟能详的名字如雷贯耳。记得还在牙牙学语的孩提时代，这些战斗英雄的名字和事迹就在我们耳畔回荡。在血与火的战斗中，他们有的举着炸药包与敌人玉石俱焚；有的用身体堵住机枪口，让战友夺下阵地；有的为了不暴露目标，甘愿在烈火中牺牲……他们用鲜血，铺成一条艰辛的解放之路；他们用身躯，铸成了一道捍卫民族尊严的钢铁长城！可是，他们却从没有向人民索取过一分一毫！在抗战初期，在那个黑暗而寒冷的时代，他们那一颗颗赤诚丹心，如烈火一般，照亮并温暖了共和国的黎明！他们的浩然正气，令天地动，令鬼神惊！他们虽已逝去，可他们的赤诚丹心却化为了漫天的星斗，指引我们向美好的未来走去。我想，革命烈士们用生命换取了今天的和平，我们要珍惜今天这来之不易的和平生活。我们还要学习先烈们舍生取义的可贵精神，挥青春，洒汗水，努力学习文化知识，为将来报效国家奠定基础。

播音员那柔美的声音又把我的思绪从神游史册中拉回到了现实："袁隆平、钱学森、任长霞……"这是一批在和平盛世中的"双百"人物，他们之中不乏科研、基层工作者。他们虽处和平盛世，却用自己的卓越工作成果回报了社会。看，优秀科研人员袁隆平历时二十年研制出的杂交水稻，解决了全中国，乃至全社会的温饱问题；杰出导弹专家钱学森，在美学习空气动力学毕业后，不惜放弃美国优厚的工资待遇和科研条件，毅然回国发展导弹、国防事业；基层警察任长霞，一生为维护治安秩序鞠躬尽瘁，在她的领导下，所管辖区犯罪率不断下降……这些可敬的人们虽不曾经历过枪林弹雨，可他们依旧值得尊敬。因为，他们用自己的智慧和汗水挺起了中华民族振兴的脊梁。改革开放三十年，正是因为有了他们这一颗颗充满智慧的心，才使中国跻身世界的前端。这一颗颗星，如明亮的星斗，在点点星光的闪烁中，勾勒并指引出共和国璀璨辉煌的明天！

《新闻联播》结束了，可我的心潮仍澎湃不已。啊，两百名优秀的"双百"人物，两百颗爱国的心！你们所处的时代不同，可你们对国家的热爱相同！你们用鲜血和生命，用智慧和汗水，为民族独立和人民解放、国家富强和人民幸福谱写了名垂青史、彪炳千秋的壮丽篇章；你们是民族的脊梁，是时代的先锋，是中国的骄傲；你们的事迹感天动地，你们的事迹可歌可泣！现在的中国正处在急速发展之中，急需一批优秀的人才。我想，我们要以“双百”人物们为楷模，学习他们爱岗敬业、刻苦钻研，为祖国、为人民无私奉献、敢于牺牲的伟大品德，做一名新世纪的新少年，为祖国发展作贡献。

做人要做他们那样的人

文化共享工程安徽省太湖支中心　余世磊

雷锋：男，汉族，湖南省望城县人，中共党员。1960 年入伍，生前系中国人民解放军 65639 部队汽车连班长。

雷锋出生于贫苦的农民家庭。解放后，怀着对党和人民的感激之情，甘当革命的“傻子”，把自己有限的生命投入到无限的为人民服务之中。他虽然只有小学文化，但刻苦学习科学文化知识，认真研读马克思主义理论，“雷锋日记”真实记录了他对党的事业的坚定信念。他始终以“螺丝钉”精神，干一行、爱一行，最苦最累的活，他总是冲到最前面。他乐于助人，关心同志，无论在部队，还是到外地，只要遇到别人有困难，他都尽全力帮助。“雷锋出差一千里，好事做了一火车”当年传为美谈。他生活俭朴，把省吃俭用积存起来的钱，基本都捐寄给受灾群众和需要帮助的战友。1960 年，在国民经济困难时期，他一次捐款就达 200 元。他长期义务担任校外辅导员，通过为中小学生买书、送文具，讲自己的成长经历等，激励青少年成长。1962 年 8 月 15 日，他执行运输任务时不幸殉职，年仅 22 岁。1963 年，毛泽东等老一辈无产阶级革命家发出“向雷锋同志学习”的号召。国防部命名他生前所在班为“雷锋班”。经中央军委批准，将其画像制作印发全军，在连以上单位悬挂、张贴。

建国六十年期间，国家有关部门评选出“双百”人物，我从共享工程中观看了相关的片子，结合平常通过其他媒体对“双百”人物的了解，感到深受教育。

“双百”人物，就像两百颗璀璨的星辰，一齐闪耀在我头顶的夜空。我平凡甚至有些庸俗的生活被照亮了，我装满太多琐碎的心灵被这光芒所震撼了。好好地审视一下自己，觉得自己作为一个炎黄之子，正是年轻有为之时，实在不该在自甘平庸中消磨去美好年华，不该只是为了个人的名誉利益而推卸肩头的责任。做人要做他们一样的人，具备一颗如琴之心，培养自己高尚的个人情操，在人格上进一步健全起来；更要具备一颗如剑之胆，勇于同邪恶展开斗争，并担当起民族复兴的重任。

人生无限，而学无限。学习做人，应该是每个人首先要掌握的大学问，贯穿人生的始终。百位新中国成立后的感动中国的人物，堪称这些模范人物的代表。雷锋热心帮助别人，虽然没有做什么惊天动地的大事，但贵在持之以恒，真正把别人装在自己心中；唐山十三农民都是些极普通的人，平常在家种田，也许毫无可说之处，然而当汶川地震发生，面对国家人民的巨痛，他们站了起来，不计个人得失，走上抗震救灾第一线，令人肃然起敬。这百名感动中国人物，都是我们学习做人的楷模。的确，我们有时还很自私，我们一时还难以达到他们的境界。但我们应该努力向他们靠近，从每一天做起，从一件小事做起。至少，我们不会成为一个贪心不足的人，不会成为一个有害于社会的人。我们平凡的生命，也会因为自己的勤劳和奉献，发出光芒来。

国家是大家，大家富强，我们的小家庭才幸福，个人的生活才会过得快乐。百位为新中国成立做出突出贡献的英雄模范人物的人生，无一不是一曲可歌可泣的爱国主义颂歌。自清末到新中国成立，中华民族多灾多难，受尽列强的欺凌。无数优秀中华儿女，为了国家和民族的独立富强，不惜抛头颅、洒热血。我读过《闻一多传记》，当闻一多从美国留学归来，船靠近中国的领土，他脱下洋装，换上中国的长衫，并且从此不穿洋装，爱国热情在他身上如火般炽热。正因为他有这份爱国热情，面对国民党特务的枪口，毫无畏惧，最后以身献国。今天是和平时代，我们要时时感恩先烈们的牺牲，建好这个来之不易的国家，

获奖作者　余世磊

珍惜今天的幸福生活。常怀一颗爱国、忧国之心，努力去为国家的建设添砖加瓦，这应该是我们每个人的光荣职责和神圣使命。

假如把人生比作一支点亮的蜡烛，它的光芒仅仅照亮自身是毫无价值的，只有照亮一块地方，照亮更多的人，尤其是那些还在黑暗中摸索的人，才是有意义的，这才不是“白废烛”。

学习“双百”人物精神，做新时代的女性

文化共享工程安徽省分中心　侯勇

张海迪：女，汉族，1955 年出生，山东省济南市人，中共党员。现任中国残联主席。

张海迪 5 岁时因患脊髓血管瘤高位截瘫，她以顽强的毅力先后自学了中小学、大学和研究生课程，还自学了多门外语，获得哲学硕士学位。15 岁时她随父母下放到聊城市莘县农村，她给村里的孩子教书，并且克服种种困难学习医学知识，热心地为乡亲们针灸治病，在莘县期间无偿地为人们治病一万多人次。1983 年，张海迪开始从事文学创作。20 多年来，她以顽强的毅力克服疾病和困难，出版了长篇小说《轮椅上的梦》、《绝顶》、《天长地久》，散文集《鸿雁快快飞》、《向天空敞开的窗口》、《生命的追问》、《美丽的英语》、《我的德国笔记》等，翻译了《莫多克——一头大象的真实故事》、《丽贝卡在新学校》等外语著作。多年来，张海迪在坚持学习和创作的同时还做了大量的社会工作。她经常去福利院、特教学校看望孤寡老人和残疾儿童，给他们送去礼物和温暖，为残疾人事业的发展作出了突出贡献。她以自己的演讲和歌声鼓舞着无数青少年奋发向上。她身残志坚、自强不息，不仅激励着残疾人，还极大地鼓舞了当代青年人。她被授予全国劳动模范、全国优秀共青团员等多项荣誉称号。

自评选、学习双百人物活动开始以来，每一天，我们都被一种精神感动着，被“双百”人物评选活动所掀起的爱国主义热潮所荡涤着、鼓舞着。

作为一名女性，带给我最大震撼的是“双百”人物中那些光辉闪耀的女性：将青春献给革命，孕育了不屈的向警予、刘胡兰、江姐、杨开慧等；用坚强和信念谱写了一曲曲时代强音的中国女排、张海迪、邓亚萍、任长霞、郜丽华、叶欣等。她们用坚强书写了历史，用信念照亮了半边天。在100位为新中国成立做出突出贡献的英雄模范人物中仅有8位女性，而在100位新中国成立以来感动中国人物中就有了26位女性。从8到26，几倍的增长，这是社会的进步和女性的进步。当选“双百”人物的34位女性尤其是我们所有女性的骄傲和榜样！

我们不可能人人成为“双百”人物，但我们可以有一点“精神”，也就是一份人生追求、一种理想信念、一个道德信仰。出生在60年代的我，是听着刘胡兰、江姐等的故事长大的，是在中国女排、张海迪等坚强精神的感召下成长的，是在任长霞等时代楷模的熏陶下走向成熟的。也正是因为她们的影响，作为网络中心的主任，我带领部门员工尽力为各部门做好技术保障服务工作，确保全馆网络及应用系统正常运行每月达到 700 小时以上。尽心做好电子文献阅览室的读者服务工作，做到对外接待读者投诉率小于等于 1/1000 以上。带领部门员工积极推进全省共享工程县级支中心的建设，开展形式多样的创新服务活动和培训工作，带领部门技术人员攻克难题，编写全省共享工程培训教材。在工程项目建设中，始终与厂商保持公务距离，在馆领导的带领下，能顶住关系的干扰，坚决按合同要求厂商履约。带领部门员工节约资源，废物利用，为创建节约型图书馆做贡献。

虽然我们不可能人人都成为女强人，但我们几乎都可以做妈妈。我一直在想：投江壮烈殉国的八位女战士，英勇就义的杨开慧、江姐，在那个女性备受压制的时代，毅然决然地走在时代的最前沿，献出自己年轻的宝贵生命，抛下亲人甚至幼儿，需要的是多么坚定的信念和超常的勇气啊！和平年代的我们除了献上我们的崇敬、感恩与感动，更需要做的是什么？其实，“100 位新中国成立以来感动中国人物”已经给了我们最好的答案。无论你身处什么样的位置，你都可以成就了道德的伟大力量。

获奖作者　侯勇

“双百”人物中的34位女性为我们树立了榜样，所有“双百”人物为我们引领了方向，我坚信在创建和谐安徽中，在实现民族伟大复兴的伟大事业中，我们女性的作用会越来越大。

传承是社会前进的不竭动力

文化共享工程天津市宝坻区海滨街道办事处
吴辛庄村基层点　李艳莹

张秉贵：男，汉族，北京市人，中共党员。1955年参加工作，生前系北京市百货大楼售货员。

张秉贵从1955年11月到北京市百货大楼站柜台，30多年接待顾客数百万人，没有怠慢过任何一个人。从为国家争光、为人民服务的政治信念出发，他在问、拿、称、包、算、收六个环节上不断摸索，练就了“一抓准”和“一口清”的过硬本领，接待一个顾客的时间从三四分钟减为一分钟。他通过特有的眼神、语言、动作、表情、步伐、姿态等，为顾客提供热情周到的服务，几乎成了那个时代商业领域的服务规范。上世纪50年代，他总结出站好柜台要做到五点：精神饱满、思想集中、耳目灵敏、抬头售货、动作“三快”；60年代，他总结出“接一、问二、联系三”的售货法，刻苦练就称糖“一抓准”、算账“一口清”的绝技；70年代，他将自己几十年如一日满腔热情的服务精神归纳概括为“一团火精神”，响亮地提出“心有一团火、温暖顾客心”。他将自己的柜台服务经验，编写成《张秉贵柜台服务艺术》，并到各单位表演、讲课，听众达十多万人次。他是中共十一大代表，第五、六届全国人大代表，1979年被授予全国劳动模范荣誉称号。

在五千年的历史长河中，我们不仅有造纸法、印刷术，也不仅仅只有《本草纲目》，我们更有“路漫漫其修远兮，吾将上下而求索”的百折不挠精神和“人生自古谁无死，留取丹心照汗青”的大义凛然，是百折不挠、大义凛然的精神造就了中华民族的民族之魂。

也正是这荡气回肠的民族之魂催生了抗日战场上前赴后继、浴血奋战的无数英雄、名将，造就了解放战场上摧枯拉朽的英雄气概。从“砍头不要紧，只要主义真，杀了夏明翰，还有后来人”到渣子洞的毒刑拷打，那是太小的考验，共产党员的意志是钢铁；从刑场上的婚礼到《清贫》、《可爱的中国》，这宝贵的精神财富不正是民族精神的集中体现么！

精神的传承是人类自强不息的永远动力，也只有在薪火相传中升华品质，才能立报国之志，建效国之功。

历史的发展离不开高尚精神的传承，高贵品质的形成只有在薪火相传中才能得以升华。学习“双百”人物就是要把英雄模范的崇高精神转化成“先天下之忧而忧，后天下之乐而乐”的高尚品质，转化为推动自身发展的动力，落实到每个人的实际工作当中。

时代总是赋予人们新的历史使命。全面建设小康社会，舍身炸碉堡的故事也许不会再发生，但仍然需要舍身炸碉堡的精神，而这种精神对于当代青年而言更应该集中体现在勤奋好学、开拓创新，用新理论、新知识推动社会的发展和进步上。

中华民族具有光辉灿烂、博大精深的文化，对人类文明做出过重大贡献，在人类进入新的世纪，实现中华民族的伟大复兴是摆在每个中国人面前的十分严肃而又重大的历史任务，而实现这一历史任务只有靠新知识、新技术。

当代青年只有将自己的命运与伟大祖国的命运紧密地联系在一起，才能产生无穷的爱国之心、报国之力。代表先进生产力的方向只有不断地学习，不断地用知识武装头脑，不断地创新，也只有如此，才能担当起历史的重任。

站在历史的起点展望未来，任重而道远。提高整个民族的综合竞争力，首先是要提高科学技术的竞争力。学科学，用科学，传播科学知识就是历史赋予的责任。所以传承就是要传承“双百”人物那种追求真理，献身科学，报效社会的品质和精神，把学习动力转化成探索科学真谛的实际动力。

火热的社会实践就如同一个火热的熔炉，真正过硬的本领也只有经过这个熔炉的冶炼才能形成。勤于实践，勇于探索，不怕挫折，在火热的社会实践中锻造出成事立业的聪明才智是时代的召唤，也是践行使命的最根本的本钱。

实现中华民族的伟大复兴需要成千上万的吴仁宝、孔祥瑞、张秉贵，而其中就应有你，有我。立足本岗，锐意改革，干一行，爱一行，钻一行，在实践中提升能力，增强本领，让先进人物的感人事迹成为推动社会前进的不竭动力。

实现理想需要有不懈的追求，需要精神的传承。“共享工程”创新了传承方式、拓展了传承途径、丰富了传承内容，为传承和发展先进文化搭建了全新的平台。“共享工程”将使广大的人民群众成为“三个代表”重要思想的受益者，成为促进社会主义核心价值体系建设的重要载体。实现以科学的理论武装人，以正确的舆论引导人，以高尚的精神塑造人，以优秀的作品鼓舞人是社会主义精神文明建设的根本要求，就是要站在时代的高度让“共享工程”深入千家万户。

海阔凭鱼跃，天高任鸟飞，担大任于肩，怀报国志于心，把青春融进祖国的山河，把光辉融进祖国的星座，让精神文明发扬光大，让科学文化走进千家万户。

获奖作者　李艳莹

以学者之节，扬敬业之气

——学习孟二冬同志事迹有感

文化共享工程陕西省渭南市临渭区支中心
常青

孟二冬：男，汉族，安徽省宿县人，中共党员。1980年参加工作，生前系北京大学中国语言文学系教授。

孟二冬学科专长为中国文学史及中国文学批评史，研究方向为魏晋南北朝隋唐五代文化，是我国当代高校教师的典范。他淡泊名利，甘于寂寞，潜心治学，撰写了《中国诗学通论》（合著）、《中唐诗歌之开拓与新变》、《韩孟派诗传》、《千古传世美文》、《陶渊明集译注》、《中国文学史》（参编）等400多万字的专著。他历时7年的艰苦研究，完成了100多万字的《〈登科记考〉补正》，得到我国文学界和史学界的高度评价。多年来，孟二冬坚持党的教育方针，热爱教育事业，热爱学生，坚持不懈地教育学生追求真知，成为学生健康成长的良师、高尚人格的楷模。为支援新疆高等教育事业的发展，孟二冬主动要求到石河子大学支教。支教期间，出现严重的嗓子喑哑，但他坚持为学生和教师授课，直至病倒在讲台上。经医院诊断，他已患食管恶性肿瘤。在北京治疗期间，他仍以顽强的毅力坦然面对病痛折磨，坚持课题研究和指导研究生的工作。2006年4月22日，孟二冬因病医治无效在北京逝世，年仅49岁。他被授予全国五一劳动奖章，荣获全国模范教师等称号，被追授为全国优秀共产党员。

在世界上有这样一种力量，它既看不见，又听不到，却可以打动人心，感动世界。在我馆近日开展的“双百”人物先进事迹学习评选活动中，一个个或平凡或伟大的人物事迹深深地打动了我，激励了我。尤其是在学习孟二冬教授的事迹后，感动一直在我的心头流淌。著名教育家陶行知先生有句名言“捧着一颗心来，不带半根草去”，正是对孟二冬教授的一生最好的总结。

作为一名教师，孟二冬教授身上浸透着师者的博学、尊严与热情。作为一位学者，他博学而笃志，淡泊以求真。他以一颗火热的心，默默无闻地践行着一名党员和教师的价值标准。他主动参加支援偏远地区教育事业的任务，在病魔缠身的情况下也不放下自己的那份责任，仍然以坚韧的毅力支撑着上好每一堂课；在生命经受最后考验时，他还说：“尽量保住我的嗓子，我还要讲课”；他的精神在支教中得到了升华。就在这区区只有几平方米的讲台上，孟二冬教授为学生尽心尽力，不知疲倦。胡锦涛总书记这样评价他，“在他身上，不仅体现了学识的魅力，而且体现了人格魅力。他的崇高精神和品德值得各行各业的人们认真学习。”他的确是个普普通通的教师，但他的确又是个不普通的教师。他真实而温暖，内心充满了对教师这门职业的爱，对文化学术的爱，对学生弟子的爱，对家人亲人的爱，对周围人的爱。而每一份爱，都可以说出许许多多的小故事，或感人的，或平实的，这就是一个充满着人性的当代教师的形象。正如北大中文系主任温敏教授所说：孟二冬不是制造出来的英雄，他那样朴实，那样真实，他悄悄地改写着英雄的概念。

我阅读完孟二冬同志的事迹后内心久久不能平静。各行各业都会有榜样人物，关键在于我们学习后，感动后，要将这种精神传承和实践在自己的工作和学习中。孟二冬同志是位老师，他在高高的讲台上履行着神圣的职责。而我，作为一名普通的电子阅览室管理员，面对的这些读者，不也像学生一样，渴求知识，渴望进步吗？那么，我似乎找到了和孟二冬同志一样的责任感和使命感。

抬起头，看着电子阅览室一台台电脑前那一张张或充满稚气或饱经沧桑的脸庞，我会发现有无数充满求知欲望的眼睛。又会想到孟二冬老师，想到他所给我的启示与教

获奖作者　常青

导。在我这个普通的文化工作者的职业生涯中，这一定是用之不完的财富！他的精神就像我们的人生旅程中的一面旗帜，无论前进的道路上有多么坎坷，他都会指引我们向前。我相信，孟老师的这种博大的精神，会成为我们前进的灯塔。

学习“双百”人物精神，推进社会主义文化事业大发展

文化共享工程广东省江门市五邑区支中心
吴会强

雷锋：男，汉族，湖南省望城县人，中共党员。1960 年入伍，生前系中国人民解放军 65639 部队汽车连班长。

雷锋出生于贫苦的农民家庭。解放后，怀着对党和人民的感激之情，甘当革命的“傻子”，把自己有限的生命投入到无限的为人民服务之中。他虽然只有小学文化，但刻苦学习科学文化知识，认真研读马克思主义理论，“雷锋日记”真实记录了他对党的事业的坚定信念。他始终以“螺丝钉”精神，干一行、爱一行，最苦最累的活，他总是冲到最前面。他乐于助人，关心同志，无论在部队，还是到外地，只要遇到别人有困难，他都尽全力帮助。“雷锋出差一千里，好事做了一火车”当年传为美谈。他生活俭朴，把省吃俭用积存起来的钱，基本都捐寄给受灾群众和需要帮助的战友。1960 年，在国民经济困难时期，他一次捐款就达 200 元。他长期义务担任校外辅导员，通过为中小学生买书、送文具，讲自己的成长经历等，激励青少年成长。1962 年 8 月 15 日，他执行运输任务时不幸殉职，年仅 22 岁。1963 年，毛泽东等老一辈无产阶级革命家发出向雷锋同志学习的号召。国防部命名他生前所在班为“雷锋班”。经中央军委批准，将其画像制作印发全军，在连以上单位悬挂、张贴。

他们，周文雍、陈铁军，刑场上结为夫妇，为革命而英勇捐躯。

他，鲁迅，横眉冷对千夫指，俯首甘为孺子牛。

他，董存瑞，挺身炸碉堡，为革命开辟前进的道路。

他，雷锋，干一行、爱一行，最苦最累的活，他冲锋在前。

他，黄继光，用胸膛堵枪眼，以生命为战友开辟前进的道路。

他，王进喜，不顾伤痛，率领全队工人跳进泥浆池制服井喷，是人们心目中的“铁人”。

他，时传祥，以“宁愿一人脏，换来万家净”。

他，邓稼先，忘我工作，总是出现在最危险的岗位上。

她，向秀丽，用身躯阻挡燃烧的酒精，避免爆炸事故的发生。

他，彭加木，以“从荒野中踏出一条道路的勇气”，积极向组织要求赴新疆考察。

……

学习“双百”人物精神，我们要从以下几方面做好文化信息资源共享工作：

1. 敢闯。当前我馆的共享工程的主阵地在本馆地方文献数字化、网上信息咨询、社区图书馆，基本形成了以本馆为中心，社区馆为服务点、互联网为服务纽带的共享平台。由于资金、人员方面存在的困难，无法以农村为重点全面铺开服务，因此目前我馆的服务点以社区图书馆为主。社区图书馆从无到有，从低效能到一般正常运作，在我馆还是一个探索过程。为了使各个服务点工作落到实处，不使社区图书馆工作流于形式，主管社区图书馆的业务馆长宁愿少开几个社区图书馆也要让工作真正开展起来，不搞虚张声势的数字文章，讲求服务质量，这是彭加木精神的一种体现，我必须学习这种“从荒野中踏出一条道路的勇气”。

2. 肯干。地方文献数字化经图片扫描到 OCR 文字识别校对到录入数据库，是比较枯燥的，而且必须长时间盯着电脑屏幕工作，眼睛很累，而且电子阅览室里空气不流通，电脑废气等环境污染严重，需要我以“螺丝钉”精神，干一行、爱一行，做最苦最累的活，起党员先锋模范带头作用，团结部门同事做好各项业务工作，同时还需要关心部门同事的身体健康，尽可能创造有利的工作环境，学习电子图书制作商的经验，向领导申请购买馈纸式高速扫描仪，并改进工作流程，减少大家扫描的工作强度，并大大提高工作效率。

3. 学习董存瑞等烈士不怕牺牲的精神，冲锋在困难的最前面，有困难共产党员上。

4. 学习王进喜的“铁人”精神，工作到生命的最后一刻。

5. 学习邓稼先的忘我投入科学研究的精神，努力提高业务效率和解决困难的能力，关键时刻不退缩、不放弃，认真把各项工作做好。

获奖作者　吴会强

我的目标就是当个人民的儿子

吴天祥

编者按：2009年10月11日吴天祥同志来到全国文化共享工程湖北省分中心（湖北省图书馆）做了“我的目标就是当个人民的儿子”的讲座，朴实感人。湖北省分中心的同志还成立了“吴天祥学习活动小组”，以实际行动学习吴天祥的奉献精神。

亲爱的各位父老、各位乡亲、各位同志、各位朋友，我今天有幸来到我们湖北省图书馆，见到了在座的各位亲人，我心里感到非常的激动。首先我要说明的是，我今天来主要的目的就是向你们学习，向你们表示我的敬意。因为我知道，经常来湖北图书馆的，不管是老同志、青年同志、小朋友，都是非常非常热爱学习的人，都是把时间花在学习上面的人。只有素质高的人，才能做到这一点，只有对学习非常专心、非常认真、非常刻苦的人才能够做到这一点。所以我今天见到了我们的读者，见到了我们在座的同志，就见到了我的老师，见到了我们勤奋学习的好同志、好领导。

我的心里特别激动，我特别要说的一句话就是祝你们健康、祝你们长寿、祝你们事业有成，向你们致敬。作为我个人来说，我觉得我很平凡，也没有为党做什么工作，党和人民给了我很多荣誉，我感觉受之有愧。因为我这次参加“双百”，我心灵受到震撼，受到极大的教育，这次参加“双百”的活动当中，我见到革命烈士江姐的孙女，见到了叶挺将军的孙子，见到了杨靖宇将军的孙女，见到了王若飞同志的侄子，我感到很受震撼。还见到了任长霞同志的儿子，他们才是祖国的英雄，没有革命先烈，没有革命前辈的浴血奋斗，哪有我们的今天？所以我觉得这次“双百”评选，就是要让我们全国人民都知道我们共和国有今天，我们党有今天，是非常不容易的，是革命先烈用热血换来的，用生命换来的。

其中一位狼牙山五壮士的后人，他就跟我说，他说他的父亲他们五个人从小都抱着爱国、爱党的革命热情，在敌人面前宁死不屈。有一位革命烈士牺牲以后，九年的时间才被追认为革命烈士，一直默默无闻，不要国家的救济，不要国家的照顾，所以这一方面我受到很大的震撼，很大的教育。作为我来说，只不过做了一个共产党员，一个普通的党员应该做的工作。我想在座的读者当中，在我们武汉市武昌区，在湖北省同样有千千万万个雷锋，千千万万个焦裕禄。不过是因为记者没有采访到，默默无闻，他们才是共和国的功臣。这次评选荆楚英模，荆楚功勋，我觉得我们湖北省的千千万万名老百姓，为党为人民默默奉献的工人、农民、学生，我们的退休干部、退休职工才是真正的共和国的功臣。

比如说像现在我们武昌区面临着巨大的拆迁任务，这个拆迁任务大到什么程度呢？比武汉市去年拆迁的总和还要多，好多好多困难，都是我们的拆迁户默默地承受。我举个很简单的例子，有一家人，三个儿子和两个女儿，就是姊妹五个，120多平方米的房子，爹妈留下来的，就说一平方米拆迁费5000块钱，但是分到姊妹五个每个人又能分多少钱呢？你要重新买房子，多么大的压力，就多亏了我们的拆迁户，每个成员来承受。如果大家不承受这个压力，拆迁的事情都搞不成。所以我认为我们武汉市这几年巨大的变化，环境也好，建设也好，巨大的发展，是多亏了广大人民群众的大力支持。没有群众就没有一切，没有老百姓就没有今天的一切。但是我感到非常遗憾的就是，我们有些党的干部，有些共产党员，把这一点，最重要的一点忘记了，这就是忘本。所以胡锦涛同志提出，要坚持以人为本，要坚持构建和谐社会，要坚持群众观念。胡锦涛同志在国庆阅兵的讲话中就特别提到，要关心人民群众，关心群众的生活，关心群众的冷暖。

现在经过中央的决定，今后每个老百姓都要享受医保待遇。家里生活困难的人，没有生活来源的人，都享受低保待遇，现在武汉市低保跟北京、上海的低保相比那要差一大截，最高人均300块钱，300块钱按照老百姓的话说，低保是什么？低保是一碗稀饭水。医保这个资金比较低，我们阮市长说了，下一步医保的资金要提高，这就是反映了老百姓的心声。现在医保靠那几个钱，看一次病都不够。说老实话，这个事情党和政府都知道，要一步一步地解决，关键就是要发展经济。这次我在北京的时候，中央领导说，我们的国家发展经济要每个人都能得到好处，都能尝到发展的甜头。那也不能光在职的加工资，退休的也要加，大学里的奖学金、助学金也应该提高，低保的水平也要提高，中央都考虑到这些事情。所以我从内心感到现在以胡锦涛同志为总书记的党中央，非常英明，非常得人心，非常体察民情。

作为我自己来说，一个普通的党员，我本着一条，必须要做到问心无愧。有人问我，老吴你为什么要献那么多血，几千 CC，为什么你要献骨髓，为什么你现在 65 岁了，每天早上还 6:30 接待群众？接待好还好，接待得不好还有人骂你。有人给我脸上吐口水，有人用脚踢我。但是他们不是冲着我来的，是他们的问题没解决，像我刚才说的，有的一家人家里 6 口人 100 多平方的房子拆迁，一分的话，一个人只分得到十几万块钱，十几万块钱从哪里买房子呢？买不起房子，这个心情我们都理解。但是我还要给别人端茶送水，他们吃饭我还要端饭给他们吃，他们到我家里上访，我还要热情地接待。

有一次，我们武汉铁路局的老工人，是测量建筑段的，到我家里去上访，我家里床上、凳子上都坐满了，桌子上都坐了人，连卫生间都站了 3 个，还有两个老太太没有地方坐，我就把我家里穿衣柜打开，让她坐到穿衣柜的衣服上面。他们跟我谈，谈什么呢？就谈他们的工资，从黑头发干到白头发，结果老了以后没有退休金，那不伤心吗？我就把他们测量段的同志，还有下马庙那个地方，就是余家头铁机那个地方的领导请到一起谈，谈到中午，我想办法找两个人跟我爱人一起，给他们弄饭吃，每个人弄了一大碗三鲜面，有的吃三鲜粉，还有包子，给他们一起吃，也认真地给他们解决问题。我可以告诉大家，每隔五六天都有人到我家里上访，我也热情接待。当然这个事情我家里的人开始是坚决反对的，我对他们说，我说人不伤心不落泪，人无难处不上访，哪个都不想去求人，我说我们中国人就有一种习惯，什么事情一般的都不求人，不是迫不得已哪个求人，哪个去到别人的家里去诉苦？这是很丢脸的事情。为什么要这样做？我说人家老百姓是迫不得已，所以我们就要热情接待人家，把别人当亲人，这句话不是说说而已。

在我们单位，在我的家里也好，我都说不把老百姓当亲人的人，就不配做共产党员。有一回小东门红海洋餐厅，将近半年没给打工的人发工资。眼看要过年了，都是一些打工的小孩子，都是十八九岁、二十一二岁这个年龄的打工仔，结果没得钱，老板跑了。当时晚上十点多了，我的血压蛮高，我的爱人劝我早点睡觉，因为我查我的血压低压120，正准备睡觉的时候，蛮多人敲门，像打鼓似地敲我家的门，我把门打开，20多个打工的同志到我家里来了，反映这个事情，没有办法，我说你们吃了饭没有？他们说我们早饭都还没有吃，我就到外面去买东西给他们吃，吃了以后跟他们谈，把法院的喊来了，谈到转钟。外面在下雨，天气又冷，结果我的爱人就问他们，你们今天晚上到哪里睡觉，他们说我们能到哪里去呢？我们只有在你们家的外面呆一晚上，我说那怎么行呢？之后我就要家里的人，我的爱人我的孩子全部到亲戚朋友家里睡，三张床拿出来给女孩子睡觉。其他的男孩子跟我一起睡地铺，睡一晚上。第二天我又请他们一起吃饭，吃完饭以后，到政府里把他们的第三个股东找到了，那是一个大的胜利，第三个股东他搞得不愿意，不愿意我们把法院的人喊来斗狠，他就拿几万块钱，把这些人的工资给发了。

我的女儿女婿已经快30岁了，他们前几年在结婚之前买了一套新房子，在武昌，就是中华路靠大桥旁边的那个巷子50来个平方，他们准备搬进去，装修都花了几万块钱。但是在这个时候，我们国棉六厂的一家，叫王子健，国棉六厂的人都知道这个人，他的一家六口人没有地方住，他的儿子也没有工作，是个有严重疾病的人，他的女婿在部队当兵，回来的话只有睡地铺，没有办法安身。他找我，我也帮他想办法要他买房子，但是他没有钱，拿不出钱来。女婿是湖南农村的，是湘西的一个很穷的地方。在那个情况下，我做我家人的工作，把那个房子拿出来给他们住，这引起了我家里几次舌战吵架，我就反复地说，我说你的父亲是个党员，共产党员如果只顾自己家暖和，只顾自己家里好，不管别人的死活，那算个什么党员?！我甚至说，那不跟国民党差不多。经过反复劝说，他们才答应了把那个房子拿出来，让别人一直住了三年，连电费水费都是我们给他掏，我的小孩子只能跟我住在一起，住两室一厅的房子。

之后，又一位住在积玉桥的残疾人，姓王，他们家没有地方安身，那一家搬出来后又让给了这一家。这一家最近有廉租房了，我帮他安排了，我家里的人就说这回我们可以宽敞宽敞了。但是新的矛盾又来了，我们武昌住在黄鹤楼街的一个叫周少友的人，他是个下岗工人，也是劳改释放人员，这我照实说。他的钱因为做生意全部亏了，没有办法，把他的房子卖了，卖的钱做生意又做垮了，所以他就住店，300 块钱一个月租别人的店房子住。结果发生了不幸，这个人患了肝癌，被那个房东赶出来了，房东说我们家里人觉得怕传染，我的小孙子还小，如果传染了不得了，就要他搬家，他没有办法搬，往哪儿搬呢？那外边人就说你去找吴天祥去，他有办法。我有什么办法呢？在这个时候正好那一家搬走了，我就让周少友一家搬到我家里来了。前几天我们邻居还给我打电话，说老吴啊，你不该把那个周少友搬来，家里好臭好臭。但是我觉得我是党员，是党的干部，共产党员就要为共产党谋形象。

也不能学杨世洪，不能学蔡建明，不能学张二江，不能只顾往自己兜里装。我的女儿大学毕业以后，在家里待业，待了几年没有工作，我们武汉交通银行的领导非常关心我，因为他们那个交通银行的一个领导跟我一起在党校里学习过。他说老吴，你给别人做好事，这回我们也给你做好事，我们都研究了，叫你女儿到我们交通银行来上班，一个月工资可以拿两三千，正好你的女儿是学电脑，我们这儿也差一个搞电脑的。我的女儿高兴得不得了，早上五点钟就起来扫地，以为我要领她去，但那一晚上我也没睡着觉，在我的脑子里边像过电影一样在想很多家长找我，主要的内容就是反映小孩没有办法就业，有的武大毕业的，华师毕业的，没有办法安置工作。我想到还有人没有工作跳大桥。所以我那天晚上就挑选哪一家最困难，第二天我把那一家找我上访的人，最困难的那一家，残疾人的姑娘领到交通银行去上班了，把我的女儿给按下来了。我离家老远就听到我的女儿在家里大哭，我说你有什么哭的，要靠自己的本事，我说我们不能靠哪个的权势，要靠自己的本事。之后她知道指望父母指望不到，自己发奋努力，去考公务员，走了一条自己谋生的道路。

我觉得过去我们的党是有非常光荣的革命历史，成千上万的共产党员，成千上万的革命先辈为党打江山，为人民谋利益，可歌可泣。在当前来说，我觉得我们当代的共产党人，就要以他们为榜样，要勤勤恳恳地为人民谋利益。但是现在呢，我实事求是说，我们党的干部大多数都还是好的，但是也有极少数人，以权谋私，给他好处就办事，给他好处乱办事，不给好处不办事。同样一件事情，这个人没有给他送钱送礼，或者这个人是个普通的平民，就把别人不当一回事。但是呢，同样一件事情，如果是他的小姨子、小姑子，那他赶紧地给办，不该办的也办，这样的事情也有，这就影响了党的形象。昨天我接待的一个地方的一家人家，住在武昌，在武昌打工，他们结婚了，怀了孕，下个月就要生了。我想起来了他的老家是大悟的，人家是正常的事情，是不是？又是第一胎，人家又没说要第二胎，都二十八九岁了，但是那个村长就说，你要到我们这儿来上户口，那非要交 5000 块钱，凭什么呢？为什么要这样做呢？他跟我上访，虽然我管不了那里，我武昌区管不了孝感那边，我把那个事情就向省里边报告，向计生办里报告。有些人就是想利用自己的职务之便，来捞取个人的好处，不顾共产党的形象。这样的人，可以说就是共产党的叛徒。

这样的事情还是少数，但是这个事情现在中央在抓，各界领导都在抓，那必须要认真地抓，把这些害群之马一个一个地挖出来。上一次我因公到仙桃办事，路过仙桃的一个地方，一位 40 多岁的母亲在树边上痛哭，很多人围观，我下来看看怎么回事。别人都说你别管别管，有些事情管不了的，管闲事不好。结果一问才知道，那个女同志的丈夫发生车祸，开车的跑了，医院里要赶快输血，要赶快抢救，要她交 5000 块钱，她身上只有 80 块钱。我一问，我感到很伤心，她的家里 3 个孩子，老大才 14 岁，老二才 11 岁，老三才 8 岁，我想如果万一这个人走了，这些小孩子怎么养大？所以我到那个医生旁边，医生问我有什么事，我说这个人怎么样？他说要赶快输血，要赶快交钱，不输血不交钱这个人的性命就有危险。我说我来给他输血，他说你是他的什么人？我说我是他的表哥，我的血型是 B 型，跟那个人的血型是完全一致的，他就帮我抽，我就说你赶快帮我抽。抽到300cc，看到我脸上都白了，他说老同志你不行，你不能再抽了，我说你不要管我，你要把这个人救活。我就坚持要他抽到500cc，我最后把我身上带的1500块钱，仅有的钱全部送给他。那个妇女，她给我磕头，她说同志，我要记下你的大名，我以后要报答你。我说我不用你报答，你不用知道我的名字，你就知道我是一个共产党员就行了，我们不能图名利这些事情的。

作为一名共产党员，我觉得我们就是要发扬革命先辈的那种传统，那种精神，那种道德觉悟。任何时候要做到爱人民胜过自己，为人民要舍得自己。每天，很多上访的老百姓找我，其中有不少人，他们没有办法就业，一说为什么没有就业，他们就说我们没有资金，没有本钱做小生意。有一次我在汉口那边看到一家监利县的农民，做的馍馍又大又白，当时我就买了满满一面袋子馍馍带回来了。我背到我的家里，我的爱人说你发了疯，我说这个馍馍不是我们吃的，我第二天到我们那个大胜路居委会，把那些下岗工人，经常找我上访的人喊到一起，我说你们看一看为什么农民在武汉市能够生存、能够发展，很多人卖个小菜，卖个馍馍，做个早点，在老家还盖起了大瓦房。关键要勤劳致富，我把这些馍馍一个一个送给他们，他们说没有本钱怎么办呢？我就帮他们贷款，我把我的房产，住房证、产权证悄悄地从我家里拿出来给他们贷款，前后给12个人贷了款。

其中有一个人，他贷款养金鱼，他跟我说养金鱼怎么样好怎么样好，怎么样能够发家致富，三年就可以把钱还给银行。所以三年之内我经常到东西湖去看他养金鱼的情况，第一次去、第二次去、第三次去他还在养，之后他人跑了，不知道到哪儿去了？我问那附近的人，人家告诉我，说这个人养金鱼养失败了。为什么失败？他把那个金鱼池设在一个大鱼塘的附近。鱼塘大家都知道，养鱼的地方都有一种腥味，那个腥味就招惹很多鸟，很多鸟一飞到这儿来，鱼就躲到水下面去了，这样鸟就看不到它们了，唯独金鱼闪闪发光，那鸟就看到了，就一口一个、一个一口，把金鱼都叼光了，所以他就跑了。跑了怎么办呢？三年到了，银行里要收这个钱，贷款的钱是要还的，由于我在上面按了手印，签了字的，三万多块钱要我还，这是法律规定的。所以我跟我家里人说好话，想办法凑了三万多块钱把那个钱还了。

之后银行里再也不给我贷款，因为我已经退休了，退休了的人是无权帮别人贷款的。只有在职的公务员，有稳定工作的人才能帮别人贷款。怎么办呢？我老家还有一栋房子，是我的父母亲留的遗产。我很舍不得这栋房子，每当看到这个房子，就想起了我的艰难的过去，想起了我的父母亲。当我看到很多下岗工人没有办法就业，我就咬咬牙把我的房子卖了，卖了十几万，这个给一万，那个给两万，扶持他们就业。像现在我们武昌有一位叫黄成凤的，她是我们水果湖街的一位工人，她当时没有办法生活下去，她找我上访，她说我简直不想活了，下岗了，一家小孩都小。我就劝她，我把我家里卖房子的钱，给她两万块钱养猪，她养猪慢慢养起来了，直到10月5号我还顺便去看过她。上一次过年的时候，春节之前我去看过，她说她有好几年没在家里过年了，特别是今年她的儿子结了婚，她很想在家里过个团圆年。我回到家里跟我爱人商量，我说我今年过年恐怕跟去年一样不在家里过，我就说了情况，他们都支持我。我腊月二十九就用车子把她从黄冈的谭峰接到武汉来，跟他们一家人团圆。我就帮她养猪，当猪倌，一直养到正月初四，我才回来。

尽管累一点，苦一点，但我感到心里很快活。特别让我感动的是，正月初一清早，因为我头天晚上通宵都没有睡，我怕猪被盗了，听到狗一叫我就赶忙地爬起来。但是那天早晨来了很多人，有些人我都不认得，过来给我拜年，到猪圈里给我拜年，我一问说是当地农民。他们怎么说？他们说就凭你这，你是武昌区的一个头儿，你过春节的时候到猪圈里过年，凭这我们就要给你拜年，凭这我们就要喊共产党万岁，我听着也很感动。

在座的可能还有党的干部，我觉得当前党的干部不忘人民，不忘群众，勤勤恳恳为人民谋利益，就必须要做到一点，就是要正确对待物质、利益、享乐。战争年代共产党人面临的是生和死的考验，艰难困苦的考验。和平时期，特别是改革开放的年代，考验我们的是金钱、美女、物质、享乐，有些非常有水平有能力的人，就是被这些问题拉下了水。我跟大家说，跟大家汇报，我从这一个月的2号到现在，跑了15个监狱，其中沙洋有8个。我们武汉的所有的监狱我都去了，有女子监狱，还有少管所，还有断琴口监狱、汉阳监狱、蔡甸监狱，还有武昌监狱、洪山监狱、汉西监狱等等。在监狱里，特别是我到断琴口监狱，那个监狱长跟我说，他说张二江、杨世洪在我们这里，你愿不愿意看他，他问我，要我表态。我说我去，我去受教育，我从来不讥笑他们，我去受教育，不然他们的今天就会是我的明天。改革开放的年代不学习、不提高、不改造自己，当干部的人就会变质。

我首先见到杨世洪。到那里老远就看到一个人在扫地，剃个光头，穿个囚服。那个监狱长说，那个扫地的人就是杨世洪，想当年多威风的人啊，他是武汉市委常委，是武汉市公安局局长。就是金钱把他拉下水，判死缓，现在改成了无期，他对我说他的过去，我说我知道你的过去还是有光荣的历史，他在部队是功臣。杨世洪是立了功的人，他立了两次三等功，实事求是说，对武汉的经济发展也做了贡献，就是经不起金钱的考验，当了金钱的俘虏。他对我说了一句话，他说我现在才体会到，一个人对自己严是对自己的爱，对自己松是对自己的害，出了问题害三代呀，这个话说得很深。

那个张二江，他是武汉大学的高材生，武汉大学的学生会主席，这是当年，不是现在，我在这里声明。也是经不起改革开放的考验，在天门市当市委书记一手遮天，他见到我，觉得非常不好意思，他说只怪对自己要求不严。我想，何止是要求不严的问题，那就不是要求不严的问题，只怪自己不该伸手的时候伸了手，不该要的时候要了，不该得的时候得了，把劳动人民忘了。张二江跟我说了，我就没有经常想一想劳动人民过的是什么日子，我张二江当市委书记过的是什么日子，劳动人民是怎么艰苦，我都没有想，忘记了我的妈，我告诉你老吴，我的妈妈讨过饭，他说忘记了这。通过张二江这一席话我就知道，一个人忘本之心不可有，报恩之心不可无。

我觉得我们就是要坚守共产党员的精神家园，不能处处讲商品经济，开口就要讲钱，闭口就要讲钱。我们武昌首义路街，那里有一位班丽君老太太，她的儿子女儿都在美国洛杉矶定居，在那里有很大的事业，后来班老太太也到美国去了。她在前些年给我写信，说她的房产被一个人侵占，她吞不下这口气，要我为她这位老华侨主持公道，我就把街里面的司法部门的人，法院部门的同志喊到一起，我参加，帮她把这个事情搞下来了，维护了她的合法权益，为她主持了公道，帮她办了产权证、土地证，然后我又掏钱把证件给她寄到美国。她给我打长途电话，一打二三十分钟，我说打电话哪能打这么长时间，花这么多钱。她说我美国打电话来，资金很少，只要几角钱还是多少，反正是很便宜。她两次从美国给我寄美元，感谢我，一次都是两三千，寄了之后我就退给她了，退给她之后，可能她认为我觉得少了，又多了两千又寄给我，我又退给她了。我在电话里面跟她说，我说我们大陆的干部，我们国家的干部为老百姓办事，办好事，办实事就像每天要洗脸要扫地一样，用不着你来感谢，我说根本不需要你的感谢。

这件事情已经过了很长时间，我都忘记了。结果突然有一天，我收到一封从洛杉矶寄来的挂号信，我打开一看大吃一惊，挂号信里边写道，她把她的房产全部赠送给我。其中她的土地证、产权证，还有洛杉矶领事馆的证明，证明这位华侨是自觉自愿赠给我的。当时有的人说，她那个房子是不是就是门面？就是过去那个首义路街居委会后面那一大片房子，这一下老吴你要发大财，那么大的门面，做个几层楼，她是送给你的，你也不是要的，也不是贪污腐败。我说那不能这样说。我二话没说，又把律师请来了，给我办了转证手续，我把这个房产无偿地赠给了首义路街办事处。现在大家都知道，这个房产是首义路街的老年活动公寓。

我们武昌的何家垅工人村的一位老太太叫徐斌，80多岁的一位老人，她的家里两个残疾女儿，住何家垅工人村。她的家里很困难，我仅仅帮她办了一个小卖部，一个门点，她很感谢我，她到我家里去拜年送东西，我都退给她了，我说收你一分钱，我都不值一分钱。之后她又守在我们区委门口给我一个包包，我没有要，之后又送到我家的门口，我打开一看里面是两三万块钱。我还是那句话，我说我收你一分钱，我都不值一分钱。我怕这个钱放在家里出事，我就喊了一辆出租车，把老人喊到一起，到洪山广场边的中国银行，把钱存了起来。那个老太太是一分一厘攒起来的，因为当时存款的时候，它要检查是真钱假钱，有没有假币，结果一检查，里面有500块钱的假币，我又自己掏500块钱，凑个整数给她存起来了。

有人问，他说老吴，你的目标是什么？我说我活着的目标，当我离开这个人世的时候，老百姓能够认为我是个干干净净的人，是个为老百姓办事的好人，我就感到心满意足。所以今天利用这个时间，也占用大家的时间，就给大家汇报这一些，有什么事，大家可以跟我联系。刚才我们这位主持人跟我说了，我每天早上六七点钟在区委门口接待，你们有什么困难，有什么问题需要我化解的话，你们到那里去找我，我们那里有电话就是027－88936283、88936208。有什么困难，有什么情况，只要我们能够化解的，我们就会尽力地化解。我不会辜负大家，我的目标就要当个人民的儿子，当一个老百姓能够说这个人是个好人，当个这样的好人。谢谢大家！

（2009年10月11日吴天祥同志在共享工程湖北省分中心“荆楚论坛”上的讲话）

我还在岗位上，这是我唯一的优势

——在全国文化信息资源共享工程“学双百　读好书　迎世博”主题活动上的讲话

包起帆

今天非常高兴能够参加这个有意义的活动。首先，向今天所有的文化人表示我的敬意，你们是精神文明的建设者。我是在企业里搞技术、搞创新的，我们更多关注的是物质文明建设，在座的各位都是搞精神文明的。今大在这里宣传“双百”人物，弘扬“双百”的精神，本质上是为我们国家的精神文明作贡献，所以我要向你们表示敬意，我也要向今天获奖的同志们表示祝贺，你们为了弘扬“双百”精神付出了大量心血，也使我非常感动。我非常荣幸地在去年国庆60周年大庆时被评为“双百”人物，我既高兴，又担心。我高兴的是，这个荣誉，我把它看做是我一生中最高的荣誉，因为是由我们国家一亿人民投票，经过层层选择，我能够被选上，所以我是非常非常的高兴。但是我非常担忧的是，我也更加深深地感到，跟其他199位优秀模范人物相比，我是非常微不足道的，这是我的心里话。特别是与前100位新中国成立之初的英雄模范人物相比，我更是微不足道。我是一个从码头装卸工成长起来的工程师，在上海像我这样的人很多很多，在全国也是很多很多。人家没选上，我选上了，我不过是在我的本职岗位上做了点我应该做的工作，跟我们前100位抛头颅、洒鲜血的英雄人物相比，我是觉得非常非常的渺小。确确实实，跟其他感动人物相比，我也是非常渺小。在今天，前100位“双百”人物基本已过世了，后100位“双百”人物也有半数已经过世了，我还在岗位上，我觉得这是我唯一的优势，我应该更加努力，只有继续在自己的岗位上面做出贡献，为我们的祖国为我们的人民做出自己的贡献，这样，才能够真正向我们所获得的荣誉靠拢。

（本文根据录音整理摘录，未经本人审阅，标题为编者所加）

一分耕耘，一分收获

——在全国文化信息资源共享工程“学双百　读好书　迎世博”主题活动上的讲话

徐虎

非常高兴今天来参加这个会议。首先，我要对获奖的个人和单位表示祝贺，同时也感谢我们文化和传媒的同志在我过去的几十年当中，对我本人的帮助。我过去是房管所的水电修理工，工作非常普通、非常平凡。每天的工作就是把灯修亮；把泄露的自来水管修好；把抽水马桶修得可以使用，周而复始，千万次的重复。那么，为什么我能够成为“双百”人物的一分子，我想是党的需要，社会的需要。这次“双百”活动，我想是爱国主义教育的一次延伸。另外，我感觉现在特别是金融危机的形势下，我能被评为“双百”人物，我最主要的是要让我们的年轻人知道，无论在什么岗位上，一分耕耘，一分收获。如果我们能付出，就能得到社会的认可。三百六十行，行行出状元。我想评“双百”，对我个人来说，像我这样的水电工，上海各个行业里都有，技术含量很低，所有像我这样从事普通岗位工作的同志，应该也始终竭力，也希望我们的文化人，我们的传媒，更多更多地宣传一些普通的劳动者。我们的老百姓的安居乐业，我们老百姓的生活中，离不开我们身边的普通平凡的劳动者。

最后，希望在座的同志到上海参观世博，能够留下非常美好的印象。

（本文根据录音整理，未经本人审阅，标题为编者所加）

尽忠报国

——抗日名将张自忠的几个片断

徐畅

一、“宁做百夫长，不做一书生”
——“九一八”事变之前的张自忠

1. 学生时代

张自忠（1891. 8. 11—1940. 5. 16），字荩忱，生于山东省临清县唐家园一个地主官僚家庭，父亲张树桂，母亲张冯氏，姊妹兄弟七人，排行第五。

1897 年 7 岁入私塾读书。1900 年 10 岁时，父亲前往江苏赣榆就任巡检，张自忠一同前往。1905 年，张树桂因政绩不错，署理赣榆知县。因不安心诗书，1906 年父亲命张自忠回临清老家读书。不久父亲卒于任上，母亲冯氏扶灵柩回原籍。1907 年与临清县咨议局议员李化南之女李敏慧结婚。1908 年，张自忠考入了临清高等小学堂，1910 年夏毕业。1911 年，考入天津北洋法政学堂。年底，秘密加入同盟会。1912 年转到济南山东法政专门学校，投身于山东的革命浪潮之中。

2. 投笔从戎

辛亥革命后，袁世凯指派亲信入鲁捕杀同盟会员，革命党人在山东掀起的革命浪潮被彻底平息了。革命党人的软弱无力和惨遭杀戮的命运使张自忠意识到，要挽救民族危亡，仅靠坐在学堂里埋头苦读或四处奔走呼号、鼓吹革命是远远不够的，必须拥有强大的武力才有取胜的希望。经过深思熟虑，张自忠毅然决定投笔从戎。

就这样，1914 年夏末，24 岁的张自忠和 5 个同学结伴，赴奉天新民屯，投奔临清同乡、陆军第 20 师 39 旅 87 团团长车震。同去的 5 人，因为吃不了苦，都回家了。车震屡劝张自忠回家，但张自忠坚持留了下来。

护国战争后，张自忠和车震一起回到了故里。1916 年在车震的推荐下，张自忠在廊坊加入了冯玉祥第 16 混成旅，与佟麟阁、冯治安、吉鸿昌等人结为至交，16 混成旅成为他施展才华的用武之地和实现理想的奋斗舞台。

1918 年 9 月冯玉祥在常德设立了军官教导团，以炮兵团团长鹿钟麟任团长。张自忠奉派进入教导团军官队深造，每次考试总是名列第一。鹿钟麟对他十分赏识，将他树为“标准学员”。冯玉祥也夸奖说：

> 在教导团中，他非常勤学，对人处事都极其真诚友爱，又能刻苦耐劳，这时便显出他未来一定是个将才。

3. 治军名将

军官教导团期满结业，张自忠升任学兵队第二连连长。队长冯治安待人诙谐风趣，与张自忠的刚毅寡言恰好形成对照，二人刚柔相济，配合默契。张自忠与冯治安私交虽厚，且比冯年长五岁，但在官兵面前对冯诸事服从，礼节周到。

张自忠的带兵天赋很快显露出来。就任连长三个月后，他的第二连便在全旅各连军事考核中夺得第一，成为

16 混成旅的“模范连”。经他训练出来的全连 126 名士兵，后来几乎个个成才，仅军长、师长就出了 10 个，旅长、团长就更多了。从这时起，张自忠注重军纪、治军严厉的风格已经十分突出。遇有违反军纪者，他初则说服教育，再则严厉训斥，三则军棍伺候。张自忠并不是无情无义、粗暴蛮横的武夫。恰恰相反，爱兵如子，严中寓恩，深知“治兵先治心”的含义和“恩威并用”的运用之妙。以打军棍为例，张自忠并不是遇过即打，滥施棍杖，而是实行“八不打”，即：有病不打；盛气不打；盛暑不打；饭前不打；无恩不打；罚过不打；夯兵不打；不知不打。可见，张自忠对于如何使用军棍是十分讲究轻重分寸的。

1921 年，张自忠升任冯玉祥卫队团第三营营长。1924 年春，张自忠被冯任命为学兵团团长。1925 年冯玉祥就任西北边防督办，所部就被称为西北军，张自忠出任旅长。1927 年出任国民革命军第二集团军第 28 师师长兼郑州警备司令。1928 年初二次北伐结束，西北军缩编，28 师改编为 25 师，张自忠担任这个被冯玉祥称为“荣誉”的师长。

1929 年初，国民政府军事委员会在全国范围内举行军风纪考察。陆军第一师师长刘峙任检查团总团长。这次检查以师为单位，刘峙率团巡视南北，逐一考核。张自忠的第 25 师军容严整，训练有素，令检查团心悦诚服。结果，这次考核 25 师列全国防军第一。刘峙在最后的讲评中深有感触地说：

> 25 师虽是全国第一，它的各个方面我们都可以学习，但有三方面却是我们学不了的：第一，25 师官兵服装全师一致，上至师长，下至伙马夫，服装一律相同，一般的部队，高级将领的服装都不同；第

二，25师从师长到战斗兵，面色都一致，这说明官兵吃的是一样的伙食；第三，我来看这个部队，从早上八点开始，一直到十二点，没有看到一个动的和讲话的，这种纪律，生平仅见。

4. 参加中原大战

1930年5月，中原大战爆发。此时，张自忠任第6师（即前述25师）师长，编入张维玺统领的南路军。虽为内战，但张自忠表现了军事才能。6月，张自忠在杞县、太康之间的高贤集与蒋军精锐张治中展开激烈战斗，张治中之教导第2师损失惨重。作战中，张自忠勇猛果断，指挥若定，显示了大将之才。他的参谋长张克侠评价说："其决心坚强，临危振奋。每当情况急迫之时，辄镇静自持，神色夷然。"

中原大战结束时，张自忠的第六师约剩5000人，是西北军残部中最完整的部队之一。西北军的土崩瓦解，使张自忠同其他将领一样面临着何去何从的选择。当他听说冯玉祥已经北渡，即带领第六师由郑州渡河北上。恰在这时，蒋介石派飞机给他空投委任状，任命他为第23路军总指挥，但张自忠拒绝投蒋。他对部下说："我们做军人的，很要紧的就是忠诚。现在西北军失败了，很多人背叛了冯先生，但我张自忠不会这样做。"第六师随即渡河北上，进入蒋介石尚未控制的山西省。

1931年1月西北军残部正式编为东北边防军第3军，宋哲元任军长（乐陵人，西北军五虎上将之一，冯玉祥说他"勇猛沉着"、"忠实勤勉"、"遇事不苟"），冯治安、张自忠分别任第37、38师师长。6月第3军改为第29军。29军一成立，就开始了艰苦的练兵工作。同时思想发生变化，由内争转向主张御外侮。

二、“宁为战死鬼，不作亡国奴”
——长城抗战时期的张自忠

1. 热河失守

“九一八”事变后，日军占领东三省，并于1932年拼凑了伪满洲国。但日本军阀并未以此为满足，1933年开始了新的侵略扩张。这次扩张的目标就是与东三省毗邻的热河省。1933年元旦之夜，日本关东军突然向天下第一关——山海关发动攻击，3日占领山海关，取得了进攻热河的有利态势。国民政府一面请求国联制裁日本，一面集结兵力，准备御敌。北方各军与中央军北上增援部队编组为8个军团，张自忠所在的宋哲元部为第3集团军。

1933年2月21日，日本关东军以第6、第8师团，独立混成第14、第33旅团和骑兵第4旅团等部为主力，并纠集伪满军张海鹏等部约10万人，在关东军司令官武滕信义指挥下，兵分三路进攻热河。热河省主席兼第五军团总指挥汤玉麟部连同义勇军不下10万人，或逃或降，一触即溃。汤玉麟本人以200辆汽车装运私产，逃往天津。3月4日，日军先头部队128人不费一枪一弹，耀武扬威地占领了热河省会承德。

热河在短短十余天里竟被日军全部占领，举国上下为之震惊和愤慨。张学良被迫辞职，遗职由何应钦代埋。

2. 喜峰口鏖战日军

1933年1月10日，29军主力奉命由山西阳泉开赴通州、三河、蓟县、玉田待命。

这是张自忠有生以来第一次同日军交战。部队出发前，他召集全师营以上干部开会，作战前动员。他慷慨激昂地说：

> 日本人并没有三头六臂，只要我们全国军民齐心协力，与日寇拼命，就能将日寇打出中国去。国家养兵千日，用兵一时，为国捐躯，重如泰山！

他还要求部队特别注意两点：第一，要与当地老百姓打成一片，不动老百姓一草一木；第二，战斗中要节省子弹，不瞄准敌人不准打枪。

3 月 4 日承德失陷后，29 军奉命赴冷口策应万福麟部作战。不料，29 军正行进中，万福麟部已败退至喜峰口附近。鉴于敌情变化，华北当局改变计划，令 29 军迅速赶赴喜峰口阻敌，冷口防务交商震部接替。宋哲元即命赵登禹率 109 旅先头出发，其余各部跟进。

3 月 7 日，张自忠与冯治安抵达遵化三屯营。此地距喜峰口 30 公里，张、冯在此设立 29 军前线指挥所，就近指挥前方作战。在与冯治安、赵登禹商讨作战计划时，他鼓励他们说：

> 人生在世总是要死的，打日寇为国牺牲是最光荣的。只要有一兵一卒，我们决心与日寇血战到底！

3 月 9 日午后，赵登禹率 109 旅抵达喜峰口。日军亦源源增兵，双方展开激烈遭遇战。经过两天连朝接夕的交战，我军虽然顶住了日军的攻势，却未能克复孟子岭高地，处境仍然被动。张自忠感到这样与敌人硬拼消耗终非善策，于是同冯治安、赵登禹商议，决定组织“大刀队”对日军实施大规模夜袭。

11 日夜，王长海率领 217 团，赵登禹、董升堂率领 224 团，李九思指挥 226 团杨干三营，分路夜袭敌营，大获成功，杀敌上千人。

15 日一早，张自忠由三屯营亲临喜峰口前线，视察阵地，慰劳官兵。他将全国民众送来的钱物一一分发给大家，以示犒劳。针对视察阵地中发现的问题和自己的作战经验，他向各旅、团长下达了五条指示。

29 军在喜峰口一带固若金汤的防御，使日军志气馁败，他们见雷池不可逾越，遂将主攻方向转到罗文峪方面。

在保定的蒋介石得到 29 军捷报，喜不自胜，特电宋哲元、张自忠赴保一晤。19 日，宋、张、冯三人赴保谒蒋，受到盛情款待。据说，蒋“神情欢愉，面有喜色”。这是张自忠第一次与蒋介石见面。

3. 长城抗战失败

但是，由于蒋介石此时的主要注意力仍放在“围剿”共产党和红军上，故有意将长城抗战限制在一定规模之内。29 军的出色表现并不足以挽救长城抗战全盘失败的结局。

长城抗战虽然失败，但 29 军的表现却是值得中国军人骄傲的。喜峰口、罗文峪的胜利不仅体现了中华民族反抗外来侵略的光荣传统，而且洗雪了中国军队因热河作战汤玉麟部不战而逃所蒙受的奇耻大辱，显示了中国军队抵御外侮的能力。日本一家报纸评论说：

> 明治大帝造兵以来，皇军名誉尽丧于喜峰口外，而遭受六十年来未有之侮辱。

29 军“大刀队”因长城抗战而名扬海内，宋哲元、张自忠、冯治安、赵登禹、刘汝明等人被授予“青天白日”勋章。

三、“我不跳火坑，谁来跳火坑”
——卢沟桥事变前后的张自忠

1. 留守北平始末

长城抗战后，1933 年 12 月张自忠率 38 师移驻察哈尔宣化。1934 年 7 月率 29 军营以上军官 50 人赴庐山军官训练团受训。1935 年 4 月晋升陆军中将。7 月 29 军进驻天津。12 月就任代理察哈尔省主席兼任保安司令。12 月 18 日冀察政务委员会成立，宋哲元任委员长，张自忠任委员。1936 年调任天津特别市市长。

1937 年 7 月 7 日卢沟桥事变爆发。7 月 9 日晨 4 时，中日双方代表在北平达成口头三条协议。但是日军假言“不扩大方针”，迷惑中方，暗地调兵遣将，而冀察当局和 29 军误以为真，和战不定。

7 月 27 日，日军向 29 军发起全线进攻，29 军节节败退。28 日，宋哲元率军退往保定，留下张自忠代理冀察政务委员会委员长、北平绥靖公署主任、北平市市长，暂留北平。7 月 29、30 两日，北平、天津相继沦陷。

8 月 7 日，张自忠宣布辞去所有代理职务，随即隐匿起来。9 月 7 日张自忠潜离平津，南下参加抗战。这便是张自忠留守的由来和梗概。

这件事，后来成为抗战史和民国史上的一桩公案。数十年来，人们对此各执一词，意见相左：一说为临危受命，代人受过；一说为“逼宫夺权”，附敌为奸。两种说法各有所据，相传沿袭，以至今日。

2. 是“逼宫夺权”、“附敌为逆”还是“临危受命”？

（1）“附敌为逆”、“逼宫夺权”说法由来关于“附敌为逆说”。张自忠留守北平后，不明内情的百姓对张自忠产生各种误解，很多朋友、部下也不理解，一些报刊称他为“张逆自忠”，有人说他是“附敌为逆”。总之，在国人的眼中，张自忠简直就是亲日汉奸。即便在张自忠已离开平津南下后，舆论界对他的攻击指责也仍是有增无减。上海《大公报》就发表了一篇题为《勉北方军人》的文章说：

> 愿北方军人都仰慕段、吴两先生的风范，给国家保持浩然正气，万不要学那寡廉鲜耻的殷汝耕和自作聪明的张自忠！

由上我们可以看出，说张自忠“附敌为逆”，是因为民众不了解内情和愤于29军不抵抗却撤退，没有提供什么证据。客观地说，在当时那种情势下，民众有这种想法也是可以理解的。

关于“逼宫说”。最早见于20世纪60年代何基沣（何为当时冯治安师下的旅长，而冯为37师师长，张为38师师长）、邓哲熙《七七事变纪实》一文。文中有这样一段回忆：

> 七月二十五日，宋哲元忽然接到张自忠来平的报告，甚为悍然，并说：“我叫他留在天津，他来北平干什么？”张到平后，受到汉奸张壁等包围，很少与外界接触，忽于二十八日下午三时许前往见宋，并对宋表示：“如果委员长暂时离开北平，大局仍有转圜的希望。”至此宋已明白了张的意图。于是立即决定离平，并派张自忠代理冀察政务委员会委员长兼北平市市长。

此后，戈定远《二十九军和冀察政权》、李惠兰和明道广《七七事变的前前后后》等著作，以及《29军和冀察政权》、《秦德纯的一生》、《蒋介石派萧振瀛破坏抗战的内幕》、《在西北军中从事党的地下工作的经历》、《关于张自忠的一段公案》等文章，都沿用了这一观点。甚至连香港的民国史学者也认为张自忠是“当过汉奸的”，“无论怎样颠倒着说话，张自忠当时的活动都是投降活动!”

(2) 张自忠留守北京的经过

要弄清楚张自忠留守北平的真相，得仔细梳理其过程。

卢沟桥事变后，日军并未马上大规模进攻。在事关战与和的原则问题上，张自忠和宋哲元、秦德纯等都属于主和派。原因是：

第一，从个人感情上讲，张自忠等人何尝不想操枪奋起，但他和宋哲元等人，不愿意与日军大动干戈希望通过和平解决冲突，保存29军实力和地盘。

第二，对日军发动卢沟桥事变的意图估计不足，误以为这次也不过小打小闹。

第三，对蒋介石不信任。自“九一八”事变以来，蒋介石与日本妥协，已不只一次，冀察当局对于蒋介石这次是否真的会发动全国抗战，心存怀疑。

尤其是随着战事发展，敌众我寡，敌强我弱，战局对29军日趋不利。7月28日下午，宋哲元在铁狮子胡同进德社29军军部召集秦德纯、张自忠、冯治安、张维藩等人紧急开会，商讨对策。此时此刻，和与战都成问题：屈辱的求和等于投降，是绝对不能接受的；而坚守平津，在力量对比处于劣势、备战不周和平津不易防守的情况下，29军难操胜券，甚至连老本都要赔光。再者，在北平大动干戈，这座文化古都也有毁于炮火的危险。这样一来，撤退便成了和战之外的惟一选择。但撤退也不是没有问题，29 军守土有责，不经认真抵抗就放弃平津重地，如何向南京交代，又如何向民众解释呢？南京方面虽一再要宋哲元离平赴保坐镇指挥，但并未准许其放弃平津。与会的几个人，谁也拿不出万全之策，大家默然无语，空气沉闷而紧张，远处的枪炮声已清晰可闻。

正在这时，突然从南苑传来佟麟阁、赵登禹将军阵亡的噩耗！大家一下子惊呆了。佟、赵二人与宋、张、冯等人，都是患难多年的袍泽兄弟，如今战争伊始便战死沙场，怎能不令人痛惜。宋哲元顿足大吼："断我左臂，此仇不共戴天！"

局势至此，29 军已别无选择，只有退往保定，再图良策。宋哲元对大家说："为了照顾全局和长远利益，我决定按照蒋委员长的指令离开北平前往保定，再作下一步打算。可是在把实力转移时，在北平必须留个负责人和敌人暂时周旋，把形势缓和一下。这个任务是非常艰巨的，请大家考虑，由谁来挑此重担。"

会议提出两个方案：

（一）留下四团人，由秦德纯指挥留守北平。

（二）留下张自忠与日本人周旋。

宋哲元考虑到张自忠主津以来，与日本人接触较多，留平易于为日方所接受，有利于缓和局势，因而倾向于第二方案。但张自忠认为，本来舆论对自己已误解很深，如果再留平，势必跳进黄河也难洗清，所以表示不愿留平。秦德纯对此更表示消极。

宋哲元心中焦急，不由得大动肝火，气呼呼地说："哼！我们二十九军是有令必行，你们平日口口声声说服从我，怎么，在此重要关头，竟不服从了呢？"

这番话激发了张自忠内心的豪勇之气，他呼地站起来，说道：

> 现在和与战都成了问题，看情况事情不会一下子得到解决。既然委员长这样决定，军人以服从为天职，只要于我军及国家民族有利，虽赴汤蹈火，在所不辞，不过委曲求全，关系个人名誉，恐不能为国人所谅解，事后应请委员长代为剖白。

宋哲元一看张自忠仗义勇为，非常感动，连忙说：“那是自然，那是自然。”说着，挥笔写下手谕：

> 1）冀察政务委员会委员长由张自忠代理；
>
> 2）北平绥靖公署主任由张自忠代理；
>
> 3）北平市长由张自忠代理。

张自忠接过手谕，噙着眼泪说：“委员长和大家都走了，我的责任太大，一定尽力而为！”宋哲元也老泪盈眶，紧握着张的手说：“我今晚就走，明天你就和日本人接触，你来维持这个局面，十天左右就成。到时我由保定率队来平接应。”

(3)“逼宫说”不能成立

A. 史证

1937年7月28日，也就是李惠兰和明道广《七七事变的前前后后》一书多次提到的逼宫之日，蒋介石发出了两封电文（《革命文献107辑》），一份是蒋介石致宋哲元电，全文是：

> 宋主任明轩兄：希速离北平，到保定指挥。勿误，如何？盼立复。中正手命。

一份是蒋介石致秦德纯（时任第29军副军长兼北平市市长）电，全文是：

> 秦市长勋鉴：并转健群、卓超兄：接此电时，如

平保线尚有汽车路或小道可通，无论如何，应即便拉宋主任离平到保，此非然为一身安危计，乃为全国与全军对倭作战之效用计也。望以此意转告明轩主任，对中命令更应服从毋违为要。近情盼时时详告。中正手启。

从以上两则电文可以看出，要宋哲元“速离北平”的不是别人，而是蒋介石。可见，如果非说宋哲元是被“逼”离开北平的不可，那么“逼”宋哲元的并不是张自忠，而是蒋介石。

台湾《总统府机要档案》中两份原始文献，也可说明“逼宫说”之不成立。

一件是宋哲元撤离北平的第二天（7 月 29 日）致电各军政部门，说明情由的电报，全文是：

分送各省市、各绥靖、各总司令、总指挥、各军师长、各院部会钧鉴：哲元奉令移保，所有北平军政事宜统由张师长自忠负责处理。特电奉闻。

另一件是张自忠在当年 10 月 9 日写给南京中央的报告。他在报告中作了这样的陈述：

窃自忠于 7 月 28 日奉宋委员长命令留守北平，代理冀察军政事宜，奉命之下，诚恐材具弗胜，一再坚辞，经宋委员长责以大义，不得已泣涕受命，允为维持日，由宋委员长自保率队来平接应，以解北平危急。

由此可见，对张自忠留平问题的解释，宋张二人口径一致。

关于张自忠留平一事，今井武夫的记载是：

宋哲元命张自忠代理冀察政务委员会委员长暂留北平，自己率领秦德纯、冯治安、张维藩等从西直门逃往保定。

七七事变后曾任伪北平维持会主任秘书兼财政局长的李景铭，在其7月4日的日记中也就张留平一事作了简略记载：

> 终宵炮声不停，以为日军无孑遗矣。不意早晨见报，宋竟率冯治安、秦德纯赴保，以军政两权交张自忠接充……

1937年10月9日，张自忠动身赴南京谒见蒋介石。路经泰安时应邀上泰山与宋哲元见面。宋还为张的南京之行专门给蒋介石写了报告：

> 张自忠此次转道南来，外间对之多抱怀疑态度，谒钧前，面陈经过，职对其平日之为人，知之甚切，不至如外间之所传，以负国家数十年培养之厚也。

1937年11月，宋哲元率部队移至东明一带整训，张自忠也于这时由南京归来。宋哲元即集合部队介绍张与官兵们见面，并说：

> 张自忠留平是我的主张，是为掩护部队安全撤退的。59军军长未派他人，就是给他留着。现下他回来了，就叫他去当军长。

当时的北平市警察局长兼北平戒严司令陈继淹记述了7月28日晚撤离北平时与张分手的情形：

> 将军受命留平维持，在离别的一刹那间，将军满眼热泪，痛苦地对我说："仰之弟（指冯治安）同你，都是抗日英雄，我为何……"说到这里，他黯然落泪，接着说："你们先走，我最大限度在此维持十天，到保定时再见吧！"

当时任29军143师师长兼察哈尔省主席的刘汝明，在其回忆录中专门就张自忠留平一事作了记述，他说：

得知张自忠留平（刘当时在张家口），犹如晴天霹雳。使我大为困惑，荩忱绝不敢当汉奸。更不会出卖宋先生，可事实如此，如何解说。一时部队也大为愤怒，把张荩忱的相片统统撕毁。……我们对荩忱的误会，一直不解。后来在冀南作战，又见到宋先生，才知道荩忱当时完全是以“跳火坑”的精神自我牺牲。希望他在北平和日本人周旋，掩护宋先生离开。争取时间。以后仍有很多对荩忱不谅解的流言，但是看后来38师改编为59军以后，宋始终命副军长李文田代理，虚位以待荩忱回来。当时荩忱对得起国家，对得起长官应该是绝对可信的。

B. 理证

第一，张自忠是一位具有爱国气节的将领，而不是甘于卖身投靠、权欲熏心的民族败类，爱国、爱民是他一贯的思想。

第二，宋哲元就任29军军长，主要得力于张自忠的拥戴。1930年中原大战西北军失败，退入山西的残余部队数张自忠部人多马众，装备整齐，地位举足轻重。负责整编的张学良拟以张自忠任军长；但张自忠从收拾残局、巩固团体的大局考虑，推戴资深望重的宋哲元出任军长，自己则任师长。此后，宋、张之间相处一直比较融洽，且具有共同的利害关系。

第三，宋哲元离平赴保是蒋介石的主张，也是宋为保存实力而做出的选择，与张自忠无干。

第四，在平津局势不可逆转的情况下，“逼宫”留平之举除招致非议和谴责以外别无他有，作为一名久经沙场的行伍军人张自忠，怎么会做抛开自己的38师，甘愿留平当汉奸傀而徒招辱骂的蠢事呢？

第五，张自忠留平期间并无丧权辱国的表现。29 军主力撤离北平后，张自忠既未就任过伪职，也未签署过卖国协定，对日方要他通电反蒋、反共、宣布独立的要求，更是坚决回绝。

3. 宋哲元为何让张自忠留守北平

在证实张自忠留平确系临危受命的同时，我们还有必要弄清张自忠留平的真实目的。因为这不仅可以反过来证实他留平的事实真相，而且有助于理解该事件的整个过程，否则仍难以完全消除人们的误解和困惑。

诚如论者所说：

> 在部队撤退北平即将沦陷于敌的情况下，这一决定有何实际意义？所谓“临危受命”究竟是所受何命？是让张自忠收拾残兵抵抗日军的进攻，保卫平津呢？还是让他以冀察最高负责人和北平市长的头衔来迎接日军入城呢？

其一，以张自忠为缓冲，借以分解失守平津的责任。

七七事变发生后，由于冀察当局误信和平，备战不足，迄 7 月底平津局势已极为严峻，对 29 军来说，和与战都成了问题，屈辱求和等于投降，是断不能接受的；而坚守平津，与日军全面开战，在力量对比处于劣势，平津不易防守的情况下，又势必使 29 军损兵折将甚至惨遭灭顶，古都北平也难逃厄运。因此，“撤”便成为和、战之外的惟一解决办法。但是，撤退对于宋哲元来说也不是没有问题，尽管蒋介石一再催促他赴保定指挥，却并未让 29 军不战而放弃平津。疆土大员，守土有责，平津失守如何向南京交代？又如何向国人解释？这是宋哲元极为顾虑的。他深知，自从 29 军进驻平津后，自己与蒋介石的关系并不融洽，一旦蒋乘机报复，把失守平津的过错全部加在他头上，借以推卸南京政府的责任，其后果将十分可怕。反之，如果大军撤离后，留下一个相当职位的军政要员在北平暂时维持一段，作为缓冲，不仅可以对29军未及撤离人员作适当安排，对北平民众作些解释、安抚工作，以免使舆论界产生29军丢城弃地、仓皇南逃的印象，更重要的是可借此分解平津失守的责任，转移舆论攻击的焦点。正是出于上述考虑，宋哲元才做出张自忠留平的决定。张的部将张宗衡也认为，这个决定"就当时来说，是弃卒保帅"。张自忠对此洞若观火，因而一再表示不愿接受，引得宋哲元大发雷霍，"张无奈，只好受命"。从后来的结果看，宋的这一安排的确起到了"弃卒保帅"的作用。张自忠留平后，被许多人误解为"逼宫"卖国，立刻成为舆论抨击的对象，这在很大程度上为宋哲元打了掩护；张潜出北平抵达南京后，遭到撤职查办，又在行政职责上承担了失守平津的责任。可以说，在这个问题上.张自忠自始至终都扮演着代人受过的角色，体现了顾全大局、自我牺牲的精神。冯玉祥是西北军的老长官，对此事底蕴十分清楚，他曾对人说："张自忠从北平逃出来，我与蒋介石写信说，张自忠是为长官担过，还应叫他回去带队伍。"

其二，以张自忠同日方斡旋，寻求重返平、津的机会。随同宋哲元撤往保定的吴锡棋、王式九有一段记述颇能说明问题：

> 宋离开北平之后，他的心情是十分沉重的……在他看来，好容易搞成冀察这个局面，才不过一年半多的时间，就发生了这么大的变化，他对自己这个"独立王国"，是有着无限的留恋的。所以他到保定的那天（7月29日），刚到曹家花园一落脚，就迫不及待

地叫秦德纯给杨兆庚打电话，询问北平的情况……不难看出，局他仍然抱着以张自忠为缓冲，寻求所谓和平解决的途径，重返北平的幻想。

这段文字道出了问题的要害所在。它表明，在日军大举进攻、平津即将失陷的情况下，宋哲元将军对于就地解决事变，重新掌握平津仍抱一线希望。他之所以留下张自忠而不是其他要员，显然是因为张自忠曾多次办理对日交涉，且有“稳健派”之名，较之他人更易于同日本人打交道。但实践证明，宋哲元的这一动机只是一厢情愿的幻想，它不仅未能造成任何重返平津的机会，其结果只是使张自忠成为众矢之的，使这位正直的爱国军人蒙受了巨大的心理压力。后来宋哲元将军虽然为此作了许多解释工作，主动承担了责任，但国人对张的误解和批评一直未能完全消除。“好事不出门，丑事传千里”。对于一个人的“丑闻”，人们却是宁可信其有而不会信其无。这个奇怪的心理现象，大概也是对张自忠的误解一直难以完全消除的原因之一吧。

当然，张自忠留守北平是临危受命，但是这并不是说他在处理卢沟桥事变中，毫无过失。事实上，由于他对日、蒋双方意图缺乏准确判断，因而重交涉，轻备战，误信和平，坐失良机，对于平津失守负有一定责任。张自忠本人对此并不讳言且深感内疚。但这种过失与“逼宫”夺权附敌为奸完全是两回事，不可混为一谈。

4. 逃离平津

在日伪的威逼和舆论的指责之下，张在北平勉强维持至8月6日。见事已无可为，张秘密住进了东交民巷德国医院，同时通过《北平晨报》发表声明，宣布辞去所有代理职务。

9月7日清晨，张坐着一位美国商人的汽车，离开北平，一路通顺，到达天津。

9日晚8时，张秘密来到英租界家中与家人告别。往日里，他回家总要抱抱孙子，有时还给子侄们讲讲笑话，言语虽不多，家中的气氛却十分融洽。但这次大家却相对无言，气氛凝重。待了一会儿，张自忠叫侄女廉瑜拿来笔墨，给福开森先生写了封感谢信，要其弟张自明转交。

10日凌晨，张起身与家人告别。廉瑜回忆说：

> 临走前，他把家事委托给父亲（即张自明），还给我们这些后辈每人留下了一点钱。当时我不明白伯父为什么要这样做，因为过去他从未给过我们钱。到后来才醒悟，这分明是他抱着必死的决心南下抗战，行前对家庭做最后的安排。天还没亮，伯父要动身走了，我们怕被人发觉，只送到楼下，没出大门，伯父瘦高的身影很快消失在夜幕里。我们万万没有想到，伯父这一走，同全家竟成永诀。

9月10日，张搭乘英国驳轮到塘沽，尔后再换乘英国商轮“海口号”，离开天津。

13日，张由烟台下船，换车转赴济南。张自忠抵达济南后，韩复榘度冷淡，没有派人迎接。当张把宋哲元写给他的手谕拿给韩看后，韩才明了事情真相，说宋哲元不该叫他背个黑锅。不过韩知道，张的命运不是这个山东省主席所能决定的。韩复榘于是给南京打电话，向蒋介石请示。蒋介石下令将张押解南京。9月15日，冯玉祥一行抵达济南。韩复榘提议说：“求先生为荩忱写一封信给蒋先生。”“很好，你们的事要我帮忙，凡我能做的，我都愿意做。”冯玉祥当场提笔给蒋介石写了封信，大意是：要像《圣经》上说的那样，赦免人的罪过，七十个七次。

张自忠是为长官担过，还应叫他回去带队伍。他是个有良心、有血性的人，只要叫他带着队伍打日本，他一定能尽本分。

四、“对国家、对民族、对长官，良心很平安”——枣宜会战中壮烈牺牲

1. 转战鲁苏皖鄂

1937 年 9 月张自忠到南京谒见蒋介石。外间不明真相，对张攻讦不已，甚至有主张置将军重典者，蒙不白之冤。不久蒋介石又派办公厅主任钱大钧慰勉，任命张自忠为军政部中将部副。12 月随国民政府撤出南京，经徐州、郑州到汉口再到新乡，出任由 38 师扩编的 59 军军长。不久移驻焦作。

1938 年 59 军调归第五战区司令长官李宗仁节制。2 月，张率部驰赴任桥、固镇一带应援，击溃进犯之敌，后奉令调往山东滕县。时日军精锐板垣师团进窥临沂，庞炳勋军长告急。张奉命驰援，终获大胜，嗣后，受到中央传令嘉奖，被任命为 27 军团长，仍兼 59 军军长。

临沂战役后，张自忠驻军临沂城南之红土屯，日军转攻徐州，张为巩固徐州外围，移驻徐州东南之邳县，旋分数路向徐州前进。

5 月，徐州已处于不利地位，大军队准备退出徐州，张自忠担任掩护退却任务。迨各军退出之后，各交通线皆被敌人截断，当时，围攻徐州之敌不下 30 万众，张自忠孤军陷敌军，形势险恶，他且战且走，至永城附近，始与刘汝明部取得联络。旋经亳县、鹿邑、淮阳而达许昌八里桥。8 月，移驻驻马店。在驻马店张自忠给天津的弟弟张

自明写了一封家书，表明自己誓死抗战的决心：

> 吾自南下参加作战，濒死者屡矣。濒死而不死，是天留吾身以报国耳。吾久在兵间，能习劳苦。或疲惫之极，转念当此国家民族生死存亡关头，吾幸而得为军人，复幸而得在前线，出入枪林弹雨之中，而薄有建树，吾形虽劳苦，心则至慰也。方今寇益深矣，国益危矣，吾辈军人责亦重矣。吾一日不死，必尽吾一日杀敌之责；敌一日不去，吾必以忠贞至死而已。吾既以身许国，家事非吾所暇问，且家中有弟负责整顿教养，吾何虑焉！然亦盼吾弟勿以我为念也。……

不久又移驻湖北境内铁路沿线之横店、武胜关，而后北开信阳，旋奉命驰援固始。固始沦陷，又奉命守潢川，取得潢川大捷。胜利完成任务受到嘉奖。

武穴、田家镇相继失守后，敌军溯江而上，进逼武汉，张自忠奉命巩固武汉外围。武汉形势日急，张复奉命西移，及抵平汉线之花园，武汉已陆续撤守。

1938 年 10 月，张自忠部队转入大别山，被任命为 33 集团军总司令，兼 59 军军长。1938 任 11 月由京山转移到钟祥，张自忠驻洋梓。

1939 年 4 月，移驻宜城附近之赤土坡，下旬，日军以三个多师团的兵力分路向国军进攻。4 月 23 日晨，日军以 13 师团为主力，配合两个联队和骑兵第四旅团在飞机、坦克车掩护下，集中炮火向钟祥县西北的长寿店一带 33 集团军 180 师阵地猛攻。张令 180 师诱敌深入，然后在丰乐河以东地区集结阻止日军，并将北犯之敌的后路截断。令 77 军从贺集渡河，袭击北犯之敌，经过两天两夜激战，终于将北犯之致消灭在长寿、洋梓等地。此役打死打伤日军三四千人，缴获了许多敌军物资，受到重庆统帅部和战区长官部嘉奖，发给奖金10万元。

2. 随枣会战

1939年4月30日，随枣会战正式爆发，33集团军参战，负责右路战事。

战前，张自忠给33集团军军官写信，勉励军官英勇杀敌，他说道：

> 今日之事，我与弟等只有两条路可走：第一条是敷衍，大家敷衍，一切敷衍，我对弟等敷衍，弟对部下也敷衍；敌人未来我们是敷敷衍衍地布置，敌人既来我们也是敷敷衍衍地抵抗，敷衍一下就走。这样的做法，看起来似乎聪明，其实最笨；似乎容易，其实更难；似乎讨便宜，其实更吃亏。因为今天不打，明天还是要打；在前面不打，退到任何地方还是要打。完是一样的完，牺牲是一样的牺牲，不过徒然给世人嘲笑。所以这条路的结果，一定是身败名裂，不但国家因此坏于我们之手，就连我们自己的生命，也要为我们所断送，这就等于自杀。所以这条路是死路，沉沦灭亡之路。
>
> 我与弟等同生死、共患难十余年，感情逾于骨肉，义气重于同胞，我是不忍令弟等走这条灭亡的死路。弟等夙识大体，明大义，谅自己也决不肯走这条路。无疑的我们只有走另一条路，就是拼。我们既然奉命守这条线，我们就决心在这条线上拼，与其退到后面还是要拼，我们就不如在这条线上拼得有价值、有意义。我们这一次一定要同敌人在这条线上拼到底，拼完算完，不奉命令，决不后退。
>
> 我与弟等受国家豢养教十年，无论如何艰难，我们还拼不得吗？幸而我们的拼，能挡住了敌人，则不

仅少数的几个人，就连我们全军也必然在中华民国享着无上的光荣，我们官兵也永远保持着光荣的地位；万一不幸而拼完了，我与弟等也对得起国家，对得起四万万同胞父老，我们没有亏负了他们的豢养，我们亦不愧做一世的军人。所以，这一条路是光明磊落的路，是我们惟一无二应该走的路。

我与弟等参加抗战以来，已经受了千辛万苦，现在到了最后的一个时期，为山九仞，何忍亏于一篑，故惟有盼弟等打起精神，咬紧牙根，激励部下，拼这一仗。我们在中国以后算人，抑算鬼，将于这一仗见之。

这分明是一封阵前遗书，悲壮，沉痛，大义凛然，诚挚感人。延安《新中华报》记者说："我们读了张将军这封最沉痛的遗书。他虽然是以长官的地位来和部下说话，然而在措辞上是太有分寸了。没有谩骂，也没有哀求，以国家民族的利益放在第一位，牺牲个人利益，大义凛然，正气浩然，字字是泪，字字是血。"

随枣会战中国军队共歼敌 1 万余人。其中张自忠右翼兵团歼敌 4500 余人，缴获军马 74 匹及大批军用物资；自身伤亡 4414 人，失踪者 2702 人，其中又以 59 军付出代价最大，伤亡达 2153 人，失踪者 2381 人。

3. 1939 年冬季攻势

1939 年 8 月上旬，张被召至重庆聆训留渝 20 余日。

离渝之前，张自忠特地到冯玉祥处辞行。两人互道珍重，依依而别。走出去不远，张自忠又停住了。他预感到自己很难再与冯玉祥相见，决不能就这样分手，于是折转身来，怀着诀别的心情回到屋里，扑通一声跪倒在地，重重地向冯玉祥磕了个头。冯先生被这一情景惊呆了，忙说：“荩忱，你这是干什么?”

只见张自忠眼含热泪，神色庄重地说：

> 我这一生是先生培植了我，我活着要一心一意地为国尽忠，像个人，像个军人，不辜负你培植我这一生；我死了也要像个鬼，像个忠魂，不会辱没先生练兵带兵的英名！

1939 年冬，国军第五战区对窜守襄河东岸之敌发动了一次大规模的冬季攻势，张自忠将军统帅的第 33 集团军是一支主力部队。他立即召集高级军官商讨作战程序。并命令 59 军的 28 师进驻钟祥龚家畈一带集结待命，173 师和 174 师的部队进驻钟祥洋梓高坡一带地区，监视洋梓镇方面日军动态，132 师王长海部进驻钟祥张家集以东地区，监视随县方面日军的行动，攻击目标为罗家陡坡万水寨以及东桥黄家集日军第 13 师团。

11 月初，张自忠进驻钟祥胡集快活铺。20 日，张自忠渡襄河驻钟祥丰乐河附近之果园村，并亲临前线指挥战斗。当李宗仁前往果园村慰问时，张正在据火线仅三四里地的 38 师师部督师。当时炮火纷飞，他在指挥所镇定自若。

12 月上旬，大战既起，双方相持不下，国军伤亡颇重。为指挥便利计，张自忠本总部及直属部队进驻钟祥张家集李家畈。此时，丰乐河后方交通线被敌人截断，运输发生困难，他立即派团长张文海率一营之众，前往突破。在罗家陡坡的拉锯战中的七天七夜，歼敌 3000 余众，骑兵第九师及 180 师几度截断京钟公路，毁敌汽车 30 余辆，又毁坏公路，使敌人机械化部队无法行动。

尤其值得一提的是，12 月 18 日，张自忠指挥 132 师 395 团突袭日军：以伤亡 280 余人的代价，消灭敌人近千人。359 团出发前，张自忠勉励道：

> 敌人在十几天的战斗中损失很大，士气不振，已呈动摇之势；而敌人旅团部距敌前线又远，敌后方空虚，若出其不意夜袭敌后方定能取得胜利。因之，决定派你团完成这一任务。
>
> 你们都读过精神书，读书贵实践。国家养兵就是为了打仗，打仗就有伤亡。人总是要死的，多活二十年少活二十年，转眼就过去了。但死有重于泰山，有轻于鸿毛。为国家为民族战争而死就重于泰山，否者轻于鸿毛。

12 月下旬，国军又向日军发起猛攻，张自忠下令两翼部队以待敌之深入，鏖战两昼夜。敌受国军三面攻击，终于溃退，弃尸而逃，国军俘获尤多。

1939 年冬季攻势持续 1 个多月，取得辉煌战果，被称为第二次鄂北大捷，张自忠因指挥有功，荣获“宝鼎勋章”。

4. 枣宜会战——壮烈牺牲南瓜店

1940 年 2 月，张自忠率部移驻钟祥快活铺附近夏家湾，进行休整。

日军将战役安排在 1940 年 4 月下旬至 5 月初发起。投入的兵力为 4 个师团、1 个混成旅团、6 个支队、4 个大队、1 个飞行集团和若干特种部队，共 15 万人，由第 11 军司令官园部和一郎统一指挥。战役计划是先将叏河东岸五战区部队包围歼灭于枣阳地区；尔后推进至渡河西岸，将五战区主力部队歼灭于宜昌附近。张自忠奉命率部在右路截击敌人。是为枣宜会战。

①河西指挥抗敌

1939 年 5 月 1 日，日军兵分三路向襄河东岸五战区部队发动大规模进攻，枣宜会战正式开始。

同日，日军向33集团军进犯。该股日军系冬季攻势中的老对手——日军第13师团，师团长是毕业于日本陆军士官学校20期的田中静一中将。1日下午，日军师团在20多辆坦克和40多架飞机的配合下，由钟祥北进，向襄河东岸右翼兵团长寿店阵地发起猛攻；日军第三师团同时从信阳南下，企图对我军形成夹击。针对日军企图，张自忠一面下令襄河东岸部队分头迎敌，一面指示西岸部队做好出击准备。

同日，张自忠亲笔写信告谕59军各师、团主官，勉励他们奋勇杀敌，尽忠报国：

> 看最近之情况，敌人或要再来碰一下钉子。只要敌来犯，兄即到河东与弟等共同去牺牲。国家到了如此地步，除我等为其死，毫无其他办法。更相信，只要我等能本此决心，我们的国家及我五千年历史之民族，决不致亡于区区三岛倭奴之手。为国家民族死之决心，海不清，石不烂，决不半点改变！愿与诸弟共勉之。

5月2日，日军以50余架飞机轮番轰炸，国军官兵浴血鏖战，死伤颇重，骑9师、180师连日在长寿店附近与敌激战。

3日，敌以步兵五六百名、炮20余门、飞机10余架联合向132师、179师猛攻竟日；敌步骑2000余名，企图由长寿店向西北窜扰，被38师截击于丰乐河东北地区。

5日，119师追击北窜之敌，132师将长寿店以南之敌交通切断，180师、骑9师在马家集以北地区与敌击战，38师樊团在流水沟以北将敌击溃。

6日继续向北追击。张将军令179师、180师火速追击，协力消灭该敌。

同日，张自忠在快活铺召开军事会议，尽管遭到众将领一致反对，但是张自忠决心到襄河东面督战。当晚，他给副手冯治安写了一封信：

仰之我弟如晤：

因为战区全面战事之关系及本身之责任，均须过河与敌一拼。现已决定于今晚往襄河东岸进发。到河东后，如能与 38D、179D 取得联络，即率该两部与马师不顾一切向北进之敌死拼；设若与 179D、38D 取不上联络，即带马之三个团，奔着我们最终之目标（死）往北迈进。无论做好做坏，一定求良心得到安慰。以后公私，均得请我弟负责。由现在起，以后或暂别或永离，不得而知。专此布达。

小兄张自忠手启

五月六日于快活铺

这是一份语重千钧的绝命书，其忠义之志、壮烈之气跃然纸上，大有“风萧萧兮易水寒，壮士一去兮不复还”的气概。寥寥数语，尽以杀敌报国相许，而无一言留与家小。这正如古语所云：“受命之日忘其家，临阵之时忘身，军人之武德，于斯尽矣。”

那么，张自忠为何非要到前线督战呢？原因是 1939 年 5 月份开始的随枣会战，是抗日战争中中日冲突最激烈的时期。这时中国抗战军队中一个普遍的现象是上到军官下到兵士普遍怕死，国民党军队不战即溃的现象非常严重。为此蒋介石曾严电令高级军官赴前线督战。

②渡襄河督战

7 日拂晓，张自忠亲率 74 师由官庄及窑湾方面渡过襄河（第 4 次渡河督战），进抵郑家湾，旋即命令 38 师、

179 师、180 师全力追队并亲率 74 师不顾一切向北追击。

8 日，38 师向田家集以南之敌击溃后，遂以 74 师分别向新街、黄龙垱敌猛攻。张将军令 180 师、骑 9 师向双沟方向追击北窜之敌，令 179 师截击马绍集、清水桥间敌之后续部队，他亲自率部向方家集附近继续猛进。

10 日，抵峪山、黄龙一带，179 师、骑 9 师在马家集、田家集一带切断了敌人交通，并袭击敌人之各据点，斩获颇多，而后，分别向枣阳附近追击。

11 日，38 师、74 师在峪山东北黄龙东南地区与反攻之敌 3000 余人展开激战。张将军率 38 师即向土桥铺方面猛进，以期围歼敌之主力。

12 日夜，张将军追敌抵琚家湾附近，敌 13 师团由吕堰镇、双沟南窜，经 38 师、74 师在峪山北及黄龙垱截击，连日击战，敌受创甚重。乃大部改图东窜，国军各部穷追，毙敌甚多。

13 日，38 师在高庙附近将南窜之敌 2000 余名击溃，敌乃向东南逃窜，其一那被国军围困，悉数被歼，毙敌 1400 余名。敌第 13 师团大部约 5000 余人，乘国军东进之际，又由峪山南窜。张将军乃令 38 师、179 师由耽家集、八亩庙向南追击，并亲率 74 师、骑 9 师向方家集进截。

14 日晨，敌刚出发，即遭截击围歼，敌作困兽之斗，继续增加飞机大炮向国军反攻。张将军率特务营及总部人员，与敌人展开肉搏，血战竟日。74 师伤亡惨重，敌之伤亡尤甚于国军。晚间，双方相互夜袭，激战终夜。

15 日晨，敌调集飞机 30 余架、炮 20 余门，轮番轰击，企图夺路南窜。血战六七起，国军各部牺牲颇重，但士气颇盛，仍在方家集附近与敌激战，38 师、179 师努力截击。

15日晚，战场形势急剧变化，张自忠遂令74师进驻南瓜店附近，占领阵地，对西南警戒；令骑9师开赴两乳山占领东西之线，维护南瓜店至宜城间交通。于是，74师分别占领南瓜店以南高地和鸡鸣山、杏儿山，各部部署未竟，敌军大部已由方家集、南营里各方面逐渐逼近国军阵地。

③5月16日——最后的时刻

拂晓，张自忠刚刚睡下，就被日军进攻炮声轰醒。

日出，张自忠将指挥部移至陈家湾。

10时，74师子弹基本打光。

中午，包围圈更小。张自忠右肩被炸弹炸伤，左臂被子弹击穿。

中午过后，日军离陈家湾仅几百米。张自忠被几十名士兵簇拥撤至杏仁山。三面被包围，东北尚未合拢。眼看日军日益迫近，顾问徐惟烈小声向他建议说："总司令，移动移动位置吧?"旁边也有人附和说："敌人三面包围我们，不如暂时转移，重整旗鼓再与敌决战，不必要的牺牲应该避免。"张自忠一听，很不高兴地说："我奉命追截敌人，岂能自行退却！当兵的临阵退缩要杀头，总司令遇到危险可以逃跑，这合理吗？难道我们的命是命，前方战士都是些土坷垃？我们中国的军队坏就坏在当官的太怕死了！什么包围不包围，必要不必要，今天有我无敌，有敌无我，一定要血战到底！"大家听了这几句分量很重的话，谁也不敢再开口了。

下午1时许。日军调集大批山炮对准杏仁山疯狂轰击，由于张自忠身着黄色军制服，目标十分暴露，形成一个被弹巢，炮弹如雨点般炸落在前后左右。副官员玉彬、护士长史全胜不幸被炸身亡。张自忠右腿也被炸伤，裤腿、袜子均被鲜血浸透。在生死绝续的最后关头，李文田参谋长终于忍不住又开了口："总司令，我们人太少，38师又赶不来，看情形是顶不住了，还是暂避一下，到山那边整顿一下再说吧！""什么？老李，你也孬啦？"张自忠很生气。见总司令动怒，李参谋长干脆把心里话照直说了出来："论公你是我的长官，论私你是我的朋友，我理应跟着你，帮助你，但今天这个仗实在是打不下去了。现在赶紧转移还来得及，我劝你马上撤离吧！你实在不走，我可要走了。"张自忠愣住了，心中感到悲凉。他静静地坐在一个土坡上，低头沉思，一言不发，任凭炮弹在附近爆炸，任凭伤口的血向外流淌。李文田站在那里，以为总司令会突然跳起来把他怒骂一顿，但张自忠并未批评他一句，而是抬起头来温和地对他说："老李，你们谁都可以走，我是不能走。你们赶快走吧，不要管我了。"

下午2点左右。日军步兵开始在炮火掩护下发起进攻。张自忠站起身来，带伤督战。此刻，他已不指望援军的到来，只希望在死以前指挥这仅有的一点兵力多杀几个敌人。

3时许。天空下起沥沥细雨。东山口守军大部战死，余部溃散。张自忠派出的手枪营士兵回撤至杏仁山脚下，作最后的抵抗。厮杀在雨中持续，手枪营士兵所剩无几。张自忠眼看前方弟兄一个个倒下，再也按捺不住，提起一支冲锋枪，大吼一声，向山下冲去，扣动扳机向日军猛烈扫射，十几名日军应声倒毙。就在这刹那间，远处的日军机枪向他射来，他全身数处中弹，右胸洞穿，血如泉涌。伤口还未包扎好，日军就一窝蜂地冲了上来。危急中，张自忠对身旁的高参张敬、马车堂等人说："我不行了，你们快走！我自己有办法。"大家执意不从，张自忠拔出腰间短剑自裁，卫士大惊，急忙将他死死抱住。弥留之际，张自忠躺在地上，脸色苍白，平静地说：“我这样死得好，死得光荣，对国家、对民族、对长官，良心很平安。你们快走！”这时，日军步兵已冲至跟前。

从日军战史资料中，我们找到了这场战斗的最后情节：

> 第四分队的藤冈一等兵，是冲锋队伍中的一把尖刀，他端着刺刀向敌方最高指挥官模样的大身材军官冲去，此人从血泊中猛然站定，眼睛死死盯住藤冈。当冲到距这个大身材军官只有不到三米的距离时，藤冈一等兵从他射来的眼光中，感到有一种说不出来的威严，竟不由自主地愣在了原地。
>
> 这时，背后响起了枪声，第三中队长堂野君射出了一颗子弹，命中了这个军官的头部。他的脸上微微地出现了难受的表情。

与此同时，藤冈一等兵像是被枪声惊醒，也狠起心来，倾全身之力，举起刺刀，向高大的身躯深深扎去。在这一刺之下，这个高大的身躯再也支持不住，像山体倒塌似地轰然倒地。

时间仿佛戛然停止，历史留下一个静穆的场面，殷红的热血交织着迷蒙细雨，构成一个永恒的瞬间——1940年5月16日下午4时！张自忠将军壮烈牺牲！

五、“为国尽忠”、“荩忱不死”
——举国哀悼抗战军人之魂张自忠将军

①日军的礼遇

张自忠将军阵亡殉国后，日军军曹堂野从他随身携带的手提箱中，翻出了“第1号伤员证章”，藤冈也从将军的胸兜中掏出一支派克金笔，上面刻着“张自忠”3个字。日军大为震惊，不禁倒退几步，“啪”地立正，恭恭敬敬向遗体行了军礼。然后靠上前来，仔细端详仰卧在面前的这个身穿将军戎装、佩戴中将领章的血迹斑斑的“大个子支那人”。随即，前线日军向上级231联队长横山武彦大佐报告。横山下令将张自忠的遗体用担架抬到战场以北10余公里的陈家集日军第39师团部，请师团参谋长、与张自忠有过数面之交的专田盛寿核验。至时天色已黑。专田盛寿手举蜡烛，目不转睛地久久注视着张自忠的面颊，突然悲戚地说道：“没有错，确实是张自忠！”

在场者一齐发出庆祝胜利的欢呼声，接下来则是一阵鸦雀无声的肃穆。师团长村上启作命令军医用酒精把张自忠的遗体仔细擦洗干净，用绷带裹好，并命人从附近的魏华山木匠铺赶制一口棺材，将遗体庄重收殓入棺，葬于陈家祠堂后面的土坡上，坟头立一墓碑，上书：“支那大将张自忠之墓。”

武汉日军广播电台随后发布的报道也钦佩地说：“张总司令以临危不惊、泰然自若之态度与堂堂大将风度，从容而死，实在不愧为军民共仰之伟丈夫。我皇军第39师团官兵在荒凉的战场上，对壮烈战死的绝代勇将，奉上最虔诚的崇敬的默祷，并将遗骸庄重收敛入棺。”

当日军像护送自己将军的尸体一样护送张自忠的遗体离开战场，从一个市镇通过，百姓们得知那具蒙着白布的尸体就是张自忠时，不约而同地拥到街道上，跪倒失声痛哭。对此，日军没有进行干预，只是肃穆前行。

一个誓死抗日并战死沙场的中国将军，却得到了他的敌手——日本军人的尊敬，这说明了张自忠人格的力量。崇高人格的感召力，可以跨越敌我界限而在“人”的意义上获得普遍认同。

②入殓、安葬

1940年5月16日下午，张自忠战死沙场，当天深夜，奉命驰援的国军第38师赶到南瓜店。师长黄维纲得此噩耗，悲痛万分。蒋介石惊闻张自忠殉国，立即下令第五战区不惜任何代价夺回张自忠遗骸。继任第59军军长的黄维纲率部再渡襄河，与敌激战两昼夜，付出了200多人的伤亡，终于在陈家集寻得英烈坟墓，开棺将忠骸起出抢回。

18日上午，将军的遗骸在第33集团军将士的痛哭声中运抵快活铺，冯治安和两名苏联顾问含泪察看了张自忠的伤势，发现全身共伤8处：除右肩、右腿的炮弹伤和腹部的刺刀伤外，左臂、左肋骨、右胸、右腹、右额各中一弹，颅脑塌陷变形，面目难以辨认，唯右腮的那颗黑痣仍清晰可见。冯治安命前方医疗队将遗体重新擦洗，作药物处理，给张自忠着马裤、军服，佩上将领章，穿高筒马靴，殓入楠木棺材。

5月21日晨，李致远参军、徐惟烈顾问奉冯治安将军之命，率手枪队乘6辆卡车从快活铺启程，护送张自忠灵柩前往重庆，沿途数万群众，挥泪祭奠。在濛濛细雨中，张自忠的遗体从宜城运到宜昌，停灵东山寺，10万民众自发前来送殡。当日，日军飞机在上空盘旋吼叫，却无一人躲避，无一人逃散。目睹此万人同悲的庄严肃穆之景，入侵日机居然一反常态，未投一弹，未开一枪。

张自忠将军灵柩在宜昌换船，溯江而上直奔战时首都重庆。从宜昌到重庆数百里，两岸处处是祭奠，时时闻哭声，白日缕缕青烟，夜间点点纸火。

5月28日晨，船到重庆，10万人在储奇门下设奠等候。蒋介石率冯玉祥、何应钦、孔祥熙、宋子文、孙科、于右任、张群等军政大员，臂缀黑纱，肃立迎灵，并登灵船吊祭，市民前往者更络绎不绝。蒋介石这位一向不甚动感情的最高统帅，此刻悲从中来，抚棺大恸，将自己的哭声汇入千万民众震天的哭声中……据史沫特莱报道，蒋介石的办公桌上从此摆着张将军的遗像。

28日下午，蒋介石亲自主祭，军政百官及各界代表为张自忠举行了隆重的祭奠仪式。当天，蒋还以军事委员会委员长的名义通电全军，表彰了张自忠将军的勋绩：

> 张总司令荩忱殉国之噩耗传来，举国震悼。今其灵柩于本日运抵重庆，中正于全军举哀悲恸之余，谨述其英武事迹，为我全体将士告……
>
> 卢沟桥战事之前，敌人密布平津之间，乘间抵隙，多方以谋我，其时应敌之难，盖有千百于今日之抗战者。荩忱前主察政，后长津市，皆以身当樽俎折冲之交，忍痛含垢，与敌周旋。众谤群疑，无所摇夺，而未尝以一语自明。惟中正独知其苦衷与枉曲，乃特加爱护矜全，而尤为全国人士所不谅也。适抗战既起，义奋超群，所向无前，然后知其忠义之性，卓越寻常，而其忍辱负重，杀敌致果之概，乃大白于世。夫见危授命，烈士之行，古今犹多有之。至于当艰难之会，内断诸心，苟利国家，曾不以当世之是非毁誉乱其虑，此古大臣谋国之用心，固非寻常之人所及知，亦非寻常之人所能任也。中正于荩忱信之尤笃，而知之特深，荩忱亦坚贞自矢，不负平生付托之重，方期安危共仗，克竟全功，而乃中道摧折，未竟其志，此中正所谓于荩忱之死，重为国家前途痛悼而深惜者也……

其功虽未竟，吾辈后死之将士，皆当志其所志，效忠党国，增其敌忾，翦此寇仇，以完成荩忱未竟之志，是荩忱虽死犹不死也。愿我全体将士其共勉之。

1940年11月16日，国民政府在重庆北碚雨台山为张自忠举行“权厝下葬仪式”（即暂时浅葬，以待抗战结束后移灵南京国葬），在蒋介石、冯玉祥等军政官员及将军亲属注视下，第33集团军将领冯治安、黄维纲、刘振三挥土封棺，蒋介石亲题“英烈千秋”及冯玉祥手书“张上将自忠之墓”刻石碑立于墓前，冯玉祥并题“荩忱不死”4个大字。

1941年5月，国民政府在南瓜店将军殉难处的山头建“张上将自忠殉国处”纪念碑，并在山下修建十里长山阵亡官兵公墓。

1942年，冯玉祥仿效明史可法墓葬扬州梅花岭之意，将雨台山改名为梅花山，并用薪金购梅花树植于将军墓侧。

1945年，为纪念张自忠将军，湖北宜城县改为“自忠县”（1949年5月恢复宜城县建制）。

为了不影响全国军民的抗战士气，张自忠殉国的消息当时没有公布。一个多月后，七七事变三周年纪念日，《中央日报》对外公布了这个消息。消息传出，举国震悼。

张自忠将军夫人李敏慧得张自忠壮烈捐躯的噩耗后，平静地说：“自忠为国家战死疆场，我不难过。我虽是一个妇女，也应当有份。”

不久，她将家事交给张自忠的弟弟张自明，自己绝食而死，时距张自忠牺牲仅3个月。

③国殇——各界吊唁

各地军政当局和人民群众纷纷举行隆重悼念活动，军政要员及各界名流纷纷赋诗题词，以志哀思。甚至有的沦陷区人民得知消息后，也冒着危险暗中举行追悼仪式。举国上下形成一股颂扬张自忠、痛斥投降派的声浪。

中国共产党对于张自忠将军的牺牲也深为震惊和痛惜。

8月6日，延安《新中华报》发表《悼张自忠将军》的社论。高度评价张自忠的抗战功勋。

8月15日下午，延安各界代表千余人，齐聚中央大礼堂，为张自忠等殉国将领举行隆重追悼大会。毛泽东、周恩来分别题写了“尽忠报国”和“为国捐躯”的挽词。朱德、彭德怀联名题词：“一战捷临沂，再战捷随枣，伟哉将军，精神不死；打到鸭绿江，建设新中国，责在朝野，团结图存。”会上给张将军的家属拍发了唁电。

（本文根据徐畅2009年10月31日在全国文化信息资源共享工程山东省分中心讲座的音像资料整理而成，未经本人审阅）

王尽美、邓恩铭等中共“一大”代表的命运

丁龙嘉

在庆祝中华人民共和国成立60周年之际，中共“一大”代表王尽美、邓恩铭、何叔衡、陈潭秋4人入选“百位为新中国成立做出突出贡献的英雄模范人物”。其中，王尽美、邓恩铭是济南共产党早期组织的代表。今天，人们追怀他们，向他们致敬，说明当代人依然关注着中共“一大”代表的人生轨迹和结局。

中国共产党诞生于1921年7月，是近代世界和中国社会演进的结果。最早提出在中国建立共产党的是新文化运动的主将陈独秀和在传播马克思主义中发挥重要作用的李大钊。中国共产党的建立，得到了列宁领导的共产国际的帮助。出席中共“一大”的是李达、李汉俊、张国焘、刘仁静、毛泽东、何叔衡、董必武、陈潭秋、王尽美、邓恩铭、陈公博、周佛海、包惠僧，他们代表着全国50多位党员。

这13位中共“一大”代表的人生，在此后激烈的社会变动中，各有着不同的发展变化和结局。

最早献出宝贵生命的王尽美

王尽美，原名王瑞俊，字灼斋，1898年6月出生于山东省莒县，先属诸城市。王尽美出生前4个月，父亲就抱病身亡。幼小的王尽美与祖母、母亲相依为命，当时家中地无一垄、房屋半间，生活极为凄苦。他是家境最为贫寒的中共“一大”代表。少年的王尽美，由于偶然的机会，伴地主少爷“陪读”，掌握了一定的文化知识。之后在家耕读兼之。20世纪初期，诸城在辛亥革命中的独立运动和农民起义，农民困苦不堪的生活，促使王尽美树立了救国救民的思想。1918年，王尽美考入了山东省立第一师范学校。当他要离开家乡赴济南上学时，不仅发出了“沉浮谁做主问苍茫”的感慨。

1919年，因山东问题而引发的“五四”反帝爱国运动爆发后，王尽美全身心地投入到运动之中。在济南，在家乡，参与领导“罢课、罢市、抵制日货”运动之后，被选为山东大专中学的学生联合会负责人之一。1919年下半年，王尽美开始接受马克思主义。1920年上半年，成为北京大学马克思学说研究会的通讯会员。当时，山东的通讯会员有3人，另外两人是烟台海军学校的李之龙、郭寿生。这年夏秋间，王尽美、邓恩铭等建立了济南共产学会。冬季，他们又建立了励新学会，并主编《励新》半月刊。1921年春，王尽美、邓恩铭等创立了济南共产主党早期组织，并创办了《济南劳动周刊》，同时，初步开展起工人运动。1921年7月，王尽美和邓恩铭代表济南共产党早期组织出席中国共产党第一次全国代表大会。

中共“一大”之后，王尽美为中共山东部负责人。

为了进一步学习、宣传马克思主义，他领导建立了济南马克思学说研究会。1922 年 1 月，王尽美、邓恩铭等出席了在莫斯科召开的远东人民代表大会。会议结束后，他和邓恩铭留下参观、学习。在苏俄这段时间内，他们从各个侧面观察了第一个社会主义国家的情况。4 月王尽美回国，不久即担任刚刚成立的中国劳动组合书记部山东分部主任。自此，山东的工人运动进入了一个新的阶段。王尽美亲自指导建立了山东第一个产业工会——济南机床厂工会，并帮助建立了山东矿业工会淄博部。1922 年 7 月，中共“二大”在上海召开，王尽美、邓恩铭都出席了大会，参与制定了中国革命的最高纲领和最低纲领。中共“二大”的历史性贡献是，第一次明确提出了反帝反封建的民主革命纲领。

1922 年下半年，中共中央机关和中国劳动组合书记部总部从上海迁到北京，王尽美调任北方部副主任兼秘书。8 月，他以京奉铁路（北京到沈阳）特派员身份到山海关开展铁路工人运动。他领导的山海关铁工厂罢工斗争的胜利，树起了京奉铁路第一面胜利的旗帜。接着，王尽美到秦皇岛，参与领导开滦煤矿大罢工。这期间，王尽美一度被捕，旋被工人营救出来。中共中央鉴于形势紧张，调王尽美回山东主持党的工作。

王尽美回山东后，一方面加强党的宣传、组织工作，一方面开展工人运动，亲自领导了济南理发业工人大罢工。1923 年 6 月，中共“三大”在广州召开。大会决定共产党员以个人身份加入国民党，实现国共合作。11 月，中共三届一中全会召开，具体研究国共合作问题。王尽美出席了三届一中全会。这时，他已根据中央的规定，加入了国民党。1924 年 1 月，王尽美出席了国民党“一大”，

12 月，被孙中山委以国民会议宣传员特派员，开展召开国民会议活动。

常年过度紧张的工作和艰苦的生活，使王尽美染上了肺结核病。到 1924 年底，他曾几次吐血晕倒。在这种情况下，他依然参与领导国民会议运动和青岛工人大罢工，还于 1925 年 3 月出席在北京召开的国民会议促成会全国代表大会和孙中山先生的葬礼。6 月，王尽美肺病复发，8 月 19 日与世长辞，年仅 27 岁。临终前，他口述遗嘱："希望全体同志要好好工作，为无产阶级及全人类的解放和为共产主义的彻底实现而奋斗到底。"王尽美是 13 位中共"一大"代表中最早为救国救民贡献出宝贵生命的革命烈士。

牺牲在敌人枪口下的邓恩铭

邓恩铭，曾用名黄伯天，字仲尧，1901 年出生于贵州省荔波县，水族人。1913 年入荔波县桂花书院初级小学读书。1917 年因二叔在山东省任低级小官而随叔母来到山东。1918 年考入山东省立第一中学。1919 年"五四"反帝爱国运动中，邓恩铭任省立一中学生自治会负责人，表现出强烈的爱国思想和出色的组织领导能力，曾作为学生代表赴京、津地区进行爱国运动。

邓恩铭从 1919 年下半年开始接受马克思主义。从 1920 年夏秋间直至 1922 年 4 月，同王尽美等一起，建立济南共产主义学会、励新学会、共产党早期组织，初步开展工人运动，出席中共"一大"，建立济南马克思学说研究会，参观远东人民代表大会，出席中共"二大"。

1923 年 4 月，邓恩铭受党组织派遣，赴青岛开展革命工作。他是青岛的中共党组织和社会主义青岛团组织的奠基人。1924 年，邓恩铭根据中央指示，促成青岛的第一次国共合作，领导青岛的国民会议运动。1925 年，邓恩铭先是领导了胶济铁路全线大罢工和青岛四方机厂工人大罢工，并取得了胜利；后是领导了青岛日本纱厂工人同盟大罢工，掀起了声势浩大、震动全国的反帝爱国运动。这期间，邓恩铭第一次被捕。

1925 年王尽美去世后，邓恩铭担任了中共山东地区执委书记。这年 11 月第二次被捕。1927 年，邓恩铭出席了中共“五大”。八七会议后，担任中共山东省委书记，领导全省各地举行农民武装暴动，其中著名的有阳谷坡里暴动。1929 年 1 月，邓恩铭第三次被捕。

艰苦的斗争，使邓恩铭与王尽美一样，染上了肺结核病。拖着疾病之躯的邓恩铭，在狱中领导了两次越狱斗争。1929 年 4 月 19 日的第一次越狱，虽然有少数人逃脱，但是邓恩铭等大多数人没有成功。当年 7 月 21 日第二次越狱，共逃出 18 人，其中邓恩铭等 11 人又被抓捕，逃走 7 人。第二次越狱斗争，震惊了国民党最高当局，山东省第一监狱看守长因渎职罪被枪毙，山东省高等法院受到“戒饰”。

1931 年 3 月，狱中病魔缠身的邓恩铭，感到来日不多，思绪万千，多少抱负，多少无奈，多少感慨，凝结成一首流传至今的诗篇。

卅一年华转瞬间，
壮志未酬奈何天。
不惜惟我身先死，
后继频频慰九泉。

1931 年 4 月 5 日，又是一个清明节。在伸手不见五指的凌晨，邓恩铭、刘谦初、吴丽实、郭隆真等22名知名的共产党人，高唱着国际歌，在济南英勇就义。邓恩铭时年仅30岁。他是13位中共“一大”代表中，第二位在敌人的枪口下牺牲的革命烈士，惟一的少数民族英雄。

十三人在大浪淘沙中的不同命运

同王尽美、邓恩铭一样为救国救民献出生命的中共“一大”代表还有何叔衡、陈潭秋和李汉俊。1876年5月出生于湖南省宁乡县的何叔衡，在清朝晚年曾考取过秀才，出席中共“一大”时已经45岁了。“一大”之后曾去莫斯科中山大学学习，回国后在中央苏区工作。1934年10月中央红军长征北上后，何叔衡在革命根据地坚持斗争。1935年2月24日，他和瞿秋白等同志遭到国民党军袭击而陷入重围，为了不连累其他同志，跳崖自尽，遭到了敌人机枪扫射，壮烈牺牲，实践了他生前“我要为苏维埃流尽最后一滴血”的誓言。1896年1月出生于湖北省黄冈县的陈潭秋，中共“一大”之后，领导过著名的“二七”大罢工，担任过多个省的省委书记，1939年后任中共驻新疆代表，领导八路军驻新疆办事处，1942年同毛泽民等同志被军阀盛世才秘密杀害。1890年出生于湖北省潜江县的李汉俊，14岁即留学日本。曾一度代理过上海共产党早期组织的书记，参与筹备中共“一大”的召开，“一大”的会场就设在他的哥哥李书城的家中。“一大”之后，他因意见不合，主动退党。1924年中央开除了他的党籍。他脱党之后，一方面继续宣传马克思主义，一方面从事革命活动，于1927年被反动派军阀杀害。1952年，中央政府内务部给他的家属颁发了革命烈士证。

毛泽东和董必武，都在人民共和国建立之后执政 20 多年。1893 年 12 日出生于湖南省湘潭县的毛泽东，曾在土地革命战争时期创立了第一个农村革命根据地，在遵义会议上确立了在全党的实际领导地位。是他于 1949 年 10 月 1 日向全国、全世界宣告中华人民共和国中央人民政府成立。从那时至他 1976 年9 月去世，27 年中一直担任党、国家和军队的最高领导人。1886 年 3 月出生于湖北省红安县的董必武，于 1903 年应试中秀才。“一大”后，他从事党的宣传、组织建设和工运工作，曾赴莫斯科中山大学学习。回国后，长期从事根据地建设和统一战线工作，于 1945 年代表中国解放区参加旧金山联合国制宪会议。新中国成立后，一直是党和国家领导人，于 1975 年 4 月谢世。

李达，1890 年 10 月出生，湖南省零陵县人。曾代理上海共产党早期组织的书记，参与筹备中共“一大”的召开。1923 年因讨论参加国民党问题同陈独秀发生争执而退出共产党。但此后一直从事马克思主义的研究和宣传工作，曾被誉为“红色教授”、“理论界的鲁迅”。1949 年，中共中央根据他的长期表现和个人申请，批准他重新入党。李达于 1966 年 8 月“文革”初期被迫害致死。

刘仁静和包惠僧，都由于不同原因脱离了共产党。1902 年 3 月出生于湖北省应城县的刘仁静，后来成为中国的托派，被中共党组织除名。他是中共“一大”代表中年纪最小的一位。1895 年 1 月出生于湖北省黄冈县的包惠僧，在大革命失败后脱离了党的组织关系。他们二人都曾担任过反动职务，都在新中国成立后回到北京。政府给了他们适当的安排。刘仁静于 1987 年 8 月因车祸去世。包惠僧于 1979 年病逝。

张国焘，1897 年 11 月出生，江西省萍乡县人。从中共“一大”至“五大”，一直处于中共中央的核心领导地位。他于 1938 年 4 月从延安逃到武汉，投靠了国民党。中共中央为此开除了他的党籍。1979 年 12 月，他客死于加拿大。

陈公博和周佛海，都堕落为汉奸。1892 年 10 月出生于广东省南海县的陈公博，在 1922 年即脱党。抗日战争期间，他与汪精卫叛党投日。1946 年 4 月，被以“通谋敌国，图谋反抗本国”的罪名判处死刑，6 月在苏州被枪毙。1897 年出生于湖南省沅陵县的周佛海，在 1924 年脱党。抗日战争期间，他与汪精卫叛党投日。抗战胜利后，被判为无期徒刑。1948 年 2 月，病死于南京狱中。

13 位中共“一大”代表的上述分化，在历史发展中是不可避免的。正所谓：大浪淘沙，历史无情。

（本文根据丁龙嘉 2009 年 11 月 21 日在全国文化信息资源共享工程山东省分中心讲座的音像资料整理而成，未经本人审阅）